# Manual para MUJERES para la gestión DE LA IRA

JULIE CATALANO

# Manual para MUJERES para la gestión DE LA IRA

*Una guía de cinco pasos para gestionar tus emociones y romper el ciclo de la ira*

EDICIONES OBELISCO

Si este libro le ha interesado y desea que le mantengamos informado
de nuestras publicaciones, escríbanos indicándonos qué temas son de su interés
(Astrología, Autoayuda, Psicología, Artes Marciales, Naturismo,
Espiritualidad, Tradición…) y gustosamente le complaceremos.

Puede consultar nuestro catálogo en www.edicionesobelisco.com

**Colección Psicología y Autoayuda**
Manual para mujeres para la gestión de la ira
*Julie Catalano*

Título original: *Anger Management Workbook for Women*

1.ª edición: noviembre de 2025

Traducción: *Jordi Font Barris*
Maquetación: *Juan Bejarano*
Corrección: *Ana Ticó*
Diseño de cubierta: *Enrique Iborra*

© 2018, Althea Press
Publicado originalmente en inglés por Althea Press,
sello original de Callisto Publishing LLC
(Reservados todos los derechos)
© 2025, Ediciones Obelisco, S. L.
(Reservados los derechos para la presente edición)

Edita: Ediciones Obelisco, S. L.
Collita, 23-25. Pol. Ind. Molí de la Bastida
08191 Rubí - Barcelona - España
Tel. 93 309 85 25
E-mail: info@edicionesobelisco.com

ISBN: 978-84-1172-326-8
DL B 12922-2025

Impreso en Gràfiques Martí Berrio, S. L.
c/ Llobateres, 16-18, Tallers 7 - Nau 10. Polígono Industrial Santiga.
08210 - Barberà del Vallès - Barcelona

*Printed in Spain*

Dedicado a Neighborhood Counseling and Community Services, Inc., comprometido a mantener los servicios comunitarios de salud mental al alcance de todos, a pesar de las dificultades.

# Prólogo

Todas las mujeres sentirán que han encontrado un oído empático y atento y una consejera sensata en Julie Catalano al leer este útil libro de ejercicios sobre la gestión de la ira.

Amenizado por las historias de Beatrice, Bobbi, Brittany, Emily, Haniya y Margaret, este libro práctico presenta un abanico de herramientas basadas en la evidencia para aquellas mujeres que desean gestionar su ira de otra manera.

La ira ya no es un tema tabú para las mujeres, como lo era cuando Harriet Lerner escribió su innovador libro, *The Dance of Anger*,1 en 1985. De hecho, me ha complacido observar la disminución de la socialización tradicional de los roles de género en los últimos treinta años. Ya no se enseña a la mayoría de las niñas en edad de crecimiento a obedecer la vieja norma de reprimir su ira para cumplir con el ideal femenino eternamente placentero y enriquecedor. Sin embargo, las mujeres del siglo XXI siguen esforzándose por encontrar formas eficaces de lograr la equidad en las relaciones y un trato respetuoso en el puesto de trabajo. El trato irrespetuoso provoca ira, pero las mujeres se sienten decepcionadas cuando tienen un arrebato de ira. No se sienten bien gritando, llorando y alzando la voz. También es igual de problemática para muchas

---

1. Trad. cast.: *La danza de la ira: guía femenina para transformar las relaciones personales*. Gaia Ediciones, Móstoles, Madrid, 2021. (N. del T.)

de nosotras la tendencia a tragarnos la ira (un «arrebato»), lo que deja la queja latente y sin resolver. En mi propia investigación, las mujeres solían utilizar metáforas culinarias, como «cocinar a fuego lento», «cocer» o «hervir lentamente», para describir un trasfondo de ira no expresada dentro de sus cuerpos. Esta ira reprimida puede provocar migrañas, alteraciones gástricas y otras manifestaciones físicas dolorosas.

> Ya no se enseña a la mayoría de las niñas en edad de crecimiento a obedecer la vieja norma de reprimir su ira para cumplir con el ideal femenino eternamente placentero y enriquecedor.

Empecé a investigar la ira en las mujeres poco después de leer el libro de Lerner de 1985, cuando descubrí un enorme vacío en la bibliografía. Abundaban las investigaciones sobre la ansiedad y la depresión en las mujeres, pero en realidad el estudio de mi equipo fue la primera gran investigación sobre la ira en mujeres corrientes (recogida en el libro *Women and Anger*, 1993). Reclutamos a mujeres que ocupaban diferentes puestos de trabajo, entornos educativos y clubes comunitarios de todos los Estados Unidos. Además de estudiar la ira en las mujeres estadounidenses, el proyecto se amplió con nuevas colaboradoras en Francia y Turquía. Las mujeres no son un grupo monolítico y las normas de su cultura, su estrato social y su comunidad provocan cierta variabilidad. Sin embargo, se encontraron algunos puntos en común entre las mujeres, independientemente de la cultura: sus historias de ira eran historias de dolor, angustia, vergüenza, arrepentimiento y remordimiento. Las mujeres rara vez se sentían bien por su comportamiento airado.

Nuestros estudios desmienten varios mitos sociales. Por ejemplo, es posible que hayas oído alguna vez que las mujeres no son conscientes de cuándo están enfadadas. Te aseguro que nunca nos hemos encontrado con una mujer que no fuera consciente de su ira. También habrás oído que la ira de las mujeres es irracional. No es cierto. La ira de las mujeres es legítima. Está basada directamente en interacciones interpersonales en las que otras personas niegan a las mujeres poder o recursos, las tratan injustamente o se comportan de forma irresponsable con ellas. En resumen, las mujeres tienen buenos motivos para estar enfadadas. Entonces, ¿cuál es el problema? Pocas mujeres aprenden técnicas constructivas para la gestión de la ira y la resolución de conflictos. Algunas recibimos un trato crítico o abusivo que nos ha estado silenciando durante años. Pero el comportamiento de ira es aprendido y, por lo tanto, se puede cambiar. Ésta es la laguna que este libro de ejercicios pretende llenar.

No hay nada más gratificante para un investigador que su trabajo sea utilizado por otros. Julie Catalano se ha basado en nuestro estudio, y en el de otros investigadores, para proporcionar a las mujeres un estímulo amable, útiles cuestionarios de autoevaluación y estrategias prácticas y concretas para desarrollar nuevas habilidades para controlar la ira. Ha perfeccionado estas estrategias a lo largo de muchos años de dirigir grupos de mujeres para la gestión de la ira. Uno de los puntos fuertes de este libro es la inclusión de escenarios de ira en parejas del mismo sexo, a menudo omitidos en otros libros de este estilo.

La autora también se dirige directamente a las mujeres que carecen de recursos para la estabilidad financiera, una vivienda digna y apoyo social. Gestionar la ira de manera eficaz es una preocupación de todas las mujeres.

La aplicación SOHE utilizada en este libro describe con precisión lo que todas las mujeres deberían perseguir: sentirse mejor a la hora de gestionar la ira, mostrarse de otra manera ante los demás, hacer las cosas de forma diferente y sentirse empoderadas al gestionar mejor la ira. Sensatamente, Julie nos recuerda que cambiar nuestro comportamiento lleva tiempo. Las mujeres también deben anticiparse a ciertas resistencias de compañeros de trabajo y familiares, a quienes pueden no gustarles sus nuevas acciones asertivas y autoprotectoras. La autovalidación y el autocuidado serán importantes cuando nos encontremos con esas resistencias. El libro contiene mucha información valiosa sobre el *mindfulness*, la meditación, el ejercicio y otras actividades de autocuidado que promueven la salud. Practicar nuevos comportamientos de ira con amigos o familiares que nos apoyen es esencial antes de enfrentarte a situaciones complicadas en el puesto de trabajo. Enfrentarte a una situación complicada, ya sea en el trabajo o en una relación íntima, requiere reconocer la posibilidad de que la otra persona sencillamente niegue la realidad y la responsabilidad. Como sugiere Julie, se trata de practicar, practicar y practicar.

Me gusta la metáfora de la luz blanca, utilizada por algunas terapeutas feministas para describir la ira como una emoción clara y fuerte que proporciona energía para actuar por cuenta propia. La luz blanca de la ira puede producir un nuevo sentido de uno mismo, con el derecho a verbalizar sentimientos genuinos y establecer límites a aquellos que pisotean este derecho. La ira puede ser un catalizador para la acción valiente.

Te deseo lo mejor en tu viaje personal hacia el empoderamiento.

Dra. SANDRA P. THOMAS,
enfermera registrada, miembro de la
Academia Estadounidense de Enfermería
Editora, *Issues in Mental Health Nursing*
Cátedra Sara and Ross Croley en Enfermería
Universidad de Tennessee, Knoxville

# Introducción

La sala de espera de la consulta está muy tranquila mientras siguen llegando nuevas participantes al grupo de gestión de la ira para mujeres. Muchas mujeres, como éstas, suelen sentirse solas y avergonzadas de sus sentimientos y comportamientos de ira. Pedir ayuda es un gran paso. Agobiadas por presiones sociales, culturales, étnicas o religiosas, las mujeres tienden a comportarse «correctamente» de maneras prohibidas para ellas. A menudo reprimen o ignoran la ira para mantener el puesto de trabajo, la familia y las relaciones. Las mujeres que no se mantienen dentro de esos límites y, en vez de ello, actúan con ira, a menudo sienten vergüenza y remordimiento.

Las mujeres acuden al tratamiento de la ira por diversos motivos. Algunas acuden por cuestiones legales, como un tratamiento por mandato judicial, o derivadas por los servicios sociales. Otras acuden a un programa de asistencia a los empleados.[1]

---

1. En Estados Unidos, un programa de asistencia a los empleados suele ofrecer evaluaciones gratuitas y confidenciales, asesoramiento a corto plazo, derivaciones y servicios de seguimiento para los empleados. Los asesores de los programas de asistencia a los empleados también pueden asesorar a directivos para abordar los retos y las necesidades de los empleados y de la organización. (*N. del T.*)

Un juez testamentario obligó a Emily a seguir un tratamiento. Después de que se le denegaran las visitas no supervisadas a sus hijos, acudió al domicilio familiar, aporreó la puerta y exigió ver a sus hijos. El incidente acabó con Emily esposada y una orden de alejamiento de su exmarido. Aprender a controlar mejor su ira será crucial para que Emily pueda volver a ver a sus hijos.

Haniya llegó al grupo a través del programa de asistencia a los empleados de su trabajo. A menudo se enfada con sus compañeros de trabajo y los riñe porque su «perezosa incompetencia» le da más trabajo. Lo que Haniya aprenda de este grupo sobre cómo controlar su ira puede determinar que mantenga el trabajo de sus sueños en una conocida empresa tecnológica.

> La decisión de una mujer de cambiar su forma de gestionar y expresar la ira suele surgir tras una larga y confusa lucha por corregir los errores de su vida.

En el caso de Margaret, un asistente social la convenció para que buscara ayuda. Es la cuidadora de su pareja, que padece demencia. A Margaret le resulta cada vez más difícil controlar su temperamento a medida que empeoran los síntomas de su pareja. Se siente fatal por su comportamiento, pero como se describe a sí misma como una «impulsiva orgullosa de toda la vida», Margaret se pregunta si puede hacer los cambios necesarios para cuidar mejor a su pareja y a sí misma.

Algunas mujeres recurren a la gestión de la ira para aprender a relacionarse menos airadamente y de forma más eficaz con las personas más cercanas en sus vidas: parejas sentimentales, hijos y otros familiares, amigos y compañeros de trabajo. Se sienten tristes y frustradas por cómo sus expresiones de ira perjudican sus relaciones más cercanas.

Piensa en el caso de Beatrice. Se siente poco escuchada en su relación y está enfadada por ello. Normalmente, Beatrice intenta reprimir su enfado. Pero estos últimos meses se encuentra mal físicamente y sospecha que tiene algo que ver con la rabia que arrastra en silencio.

Bobbi, una joven madre soltera con una hija de seis años, llega a casa del trabajo cargada de irritación y enfadada, aunque admite que por «chorradas». Suele gritar e insultar a su hija por cosas insignificantes, pero poco después siente un intenso remordimiento y mucha vergüenza.

Brittany, casada, madre de dos hijos y directora a tiempo completo de una oficina de facturación médica, discute «constantemente» con su marido por la educación de los niños y los quehaceres domésticos. «Parece creer que los "duendes domésticos" van a aparecer de la nada y lo van a hacer todo», explica amargamente.

Todas las mujeres que acabo de describir se parecen a pacientes que he tratado durante mis más de veinte años como trabajadora social clínica en el área metropolitana de Boston, moviéndome en el campo de la psicoterapia. Tengo el privilegio de organizar y coordinar el grupo de gestión de la ira de las mujeres en colaboración con Joseph Pereira, máster en Trabajo Social, de Outlook Associates, una consultora privada que ofrece talleres y consultas para particulares y empresas sobre la gestión de la ira. Joe lleva más de treinta años trabajado en este campo y dirige los grupos masculinos de gestión de la ira.

La decisión de una mujer de cambiar su forma de gestionar y expresar la ira suele surgir tras una larga y confusa lucha por corregir los errores de su vida. Una vez tras otra acaba consternada y avergonzada cuando sus arrebatos de ira no se traducen en los cambios que buscaba, sino más bien en relaciones menoscabadas. Puede ocurrir en casa, en el trabajo o en su red social. La mayoría de las mujeres que buscan tratamiento para la ira expresan una vergüenza y un remordimiento terribles por las expresiones negativas de ira, especialmente con sus seres queridos. Durante estos episodios pierden credibilidad y respeto por sí mismas. Cuando esto ocurre, las mujeres a menudo se sienten resignadas a permanecer calladas y acallar sus sentimientos para mantener la paz en las relaciones o los sistemas de relaciones importantes, como en un entorno laboral o familiar.

Si te encuentras en una situación en la que la ira está provocando estragos en tu vida, debes saber que no estás sola. Abriendo este libro has dado un paso de gigante para gestionar mejor tu ira y satisfacer más tus necesidades y tus deseos reconociendo que hay un problema. Mi objetivo es ofrecerte las herramientas y los recursos que necesitas para tomar el control de tu ira.

# 1

# Aproximación a la ira

En este capítulo exploraremos por qué la experiencia de ira de las mujeres puede ser única, cómo aparece la ira en el cerebro y el cuerpo, y, para bien o para mal, las distintas formas en que la manifestamos. Aprenderemos por qué alimentar la ira con más pensamientos y acciones airados puede hacernos sentir bien temporalmente, pero en realidad no satisface nuestras necesidades emocionales. Y, por último, exploraremos cómo aplicar algunas de las ideas y técnicas de la terapia cognitivo-conductual (TCC) y el *mindfulness* para reducir la punzada de la ira.

La Asociación Estadounidense de Psicología define la ira como «una emoción caracterizada por el antagonismo hacia alguien o algo que crees que te ha hecho daño deliberadamente. La ira puede ser algo bueno. Puede suponer una manera de expresar sentimientos negativos, por ejemplo, o motivarte para encontrar soluciones a los problemas». Se considera que la ira es una de las emociones «perturbadoras», pero también es tan normal y natural como cualquier otro sentimiento.

# La ira: aspectos positivos y aspectos negativos

La ira es una emoción y, como cualquier emoción, tiene su origen en un instinto humano natural: protegerse, sobrevivir, mantenerse a salvo. Aunque la ira ha adquirido una connotación en gran medida negativa (especialmente en el caso de las mujeres), esta emoción tiene atributos buenos y malos. Repasemos aquí algunos de ellos.

## Aspectos positivos

Casi nunca tenemos en cuenta los aspectos positivos de la ira, pero esta emoción tiene algunos beneficios. A menudo lo que hacemos con nuestra ira es lo que la hace tan destructiva; el sentimiento en sí mismo es sólo un sentimiento.

**La ira tiene su origen en el mecanismo de «lucha o huida» del cuerpo.** Esto es cuando el cerebro dispara la alarma de que estamos ante algún tipo de peligro físico inminente, y nos moviliza para huir o quedarnos y luchar. Este mecanismo ha ayudado a los seres humanos a sobrevivir durante centenares de miles de años. (Hablaremos con más detalle del mecanismo de lucha o huida más adelante en este mismo capítulo).

**La ira es una emoción energizante.** Dispara una reacción neuroquímica en cadena que nos ayuda a pasar a la acción. A diferencia de las emociones pasivas (por ejemplo, la depresión, la ansiedad o la vergüenza), que tienen el efecto de reducir la energía de la que disponemos, la ira nos aporta un chute energético. Canalizada adecuadamente, esta energía puede ayudarnos a llevar a cabo los cambios necesarios.

**La ira nos hace saber que hemos experimentado una transgresión.** Así es como sabemos que algo no va bien y necesita de nuestra atención. La ira latente y silenciosa o los continuos arrebatos frente a una persona concreta de nuestra vida pueden ser una señal de que nuestras necesidades no están siendo satisfechas en la relación. Se nos está exigiendo demasiado o de alguna manera se nos está haciendo daño emocionalmente. Momentos puntuales de furia ante el comportamiento de un conocido o de un desconocido pueden hacernos saber que no debemos seguir relacionándonos con esa persona.

**La ira expresada hace saber a los demás que han sobrepasado un límite y que deben dejar de hacerlo.** Una vez que somos conscientes de que estamos experimentando una transgresión singular o continuada, la ira nos da la energía y el enfoque necesarios para expresar nuestros deseos y necesidades y para pedir cambios a los demás.

**Siempre podemos aprender nuevas maneras de responder a la ira.** Las respuestas a la ira son comportamientos aprendidos, no instintivos. Esto hace que nos resulte mucho más fácil gestionar estas respuestas en lugar de intentar controlar las reacciones fisiológicas del cuerpo ante los desencadenantes de la ira. Esto significa que es más fácil cambiar nuestros comportamientos externos de ira que cambiar la experiencia interna de la ira. Este paso extremadamente importante ayuda a reparar las relaciones dañadas e interrumpe el ciclo repetitivo de actuar seguido de remordimiento, vergüenza y culpa. Si actuamos de forma diferente, empezaremos a sentirnos diferentes.

## Aspectos negativos

Por el contrario, es más común asociar la ira con las respuestas negativas externas que pueden provocar estragos en nuestra vida y en nuestras relaciones. Estos resultados se convierten en sinónimos del propio sentimiento. Explorémoslos teniendo en cuenta que los resultados negativos que se describen a continuación son comportamientos asociados a la ira, no la emoción en sí.

**Se ha demostrado que la ira no tratada a largo plazo provoca enfermedades cardiovasculares y es sospechosa en otras enfermedades.** Beatrice y Margaret son las dos caras de una misma moneda de riesgo para la salud. Beatrice interioriza continuamente su ira, lo que le provoca dolores de cabeza, de cervicales, de espalda y de estómago. Los síntomas pueden ser tratados, pero la raíz del problema –su ira no expresada– no desaparece. Margaret suele exteriorizar su ira gritando y diciendo palabrotas. Sus arrebatos le han subido la tensión y ahora toma medicación para controlarla.

**Dar rienda suelta a la ira contra los demás mantiene la llama encendida y hace que los demás se sientan agredidos.** Emily habla con su mejor amiga sobre su detención y su exmarido. Pero en lugar de mantener una conversación en los dos sentidos, sólo habla ella. Emily tiende a explicar los incidentes con el mismo nivel de ira con el que los ha vivido: con la voz alzada, un lenguaje soez y un lenguaje corporal tenso. Emily no está enfadada con su amiga; sólo se está desahogando. Pero su amiga se siente incómoda y alterada por el nivel de enfado que Emily expresa en ese momento. Estas sesiones de desahogo no ayudan a Emily a mitigar estos sentimientos y conseguir el alivio que está buscando. Por el contrario, sólo ayudan a mantener su mismo nivel de ira.

**Las expresiones externas de ira hacia otras personas o bienes (por ejemplo, tirar objetos, gritar, insultar o pegar) se consideran actos de agresión.** Estos arrebatos asustan a quienes nos rodean, que en el mejor de los casos se sienten incómodos y en el peor temen por su seguridad. Haniya, por ejemplo, suele gritar a sus compañeros de trabajo e insultarlos. Este comportamiento ha provocado que tengan miedo de relacionarse con ella y en lugar de abordar el problema directamente con ella, denuncian sus acciones al departamento de recursos humanos (RRHH).

**Las expresiones incontroladas de ira hacen que parezcamos desquiciados o que hayamos perdido el control ante los que nos rodean.** Incluso aunque sepas que tienes razón o que está justificado, estos arrebatos hacen que pierdas credibilidad. La decisión de Emily de acudir a la casa familiar y exigir ver a sus hijos a pesar de una orden judicial que le prohibía estar allí, provocó su detención. Cuando Margaret grita a su pareja Jane –que padece demencia– e intenta obligarla físicamente a hacer cosas, Jane se enfada; a su vez, se vuelve temerosa y poco colaboradora.

**La ira interna, que bulle a fuego lento, alimenta los resentimientos y crea distancia en las relaciones importantes.** Piensa en el humo que sale de un volcán: está claro que algo se está cociendo dentro, ¿verdad? Beatrice tiene una lista cada vez mayor de transgresiones cometidas contra ella por parte de su mujer, Sarah. Sin embargo, Sarah no es consciente de ninguna de ellas. De todos modos, siente la férrea frialdad que a veces proyecta Beatrice. Incluso otras personas de su vida perciben la ira de Beatrice. Pero cuando Sarah pregunta qué le pasa, Beatrice responde que no le pasa nada, que está bien.

**Tratar a las personas con ira manifiesta provocará que a cambio nos traten con ira manifiesta o encubierta.** Los comportamientos acusatorios, como echar la culpa a alguien, señalarle con el dedo, gritarle o insultarle, suelen provocar la ira de la otra persona, que responderá a la defensiva. Dependiendo del equilibrio de poder en la relación, es probable que la persona se vuelva directamente o que tome represalias de alguna otra forma (menos directa), como cotilleando a nuestras espaldas.

**Ejemplificar a los niños un comportamiento de ira descontrolada les enseña a gestionar de esa manera su propia ira.** Bobbi creció siendo testigo de las continuas muestras de angustia de sus padres. Tenía que soportar gritos, golpes y palabras intencionadamente hirientes entre ellos y hacia ella y sus hermanos. Bobbi también es consciente de que, sin querer, a veces actúa de la misma manera con su hija Shania.

## No es la emoción, es la respuesta

Echemos un vistazo más de cerca a los orígenes fisiológicos de la ira dentro del cuerpo. ¿Cómo aprendemos a responder a la ira de la forma en que lo hacemos? ¿Cómo puede dañar nuestra salud interiorizar la ira y expresarla de forma explosiva? Aprenderemos que la ira y la agresividad son dos cosas diferentes; se puede estar enfadada y expresar la ira sin volverse agresiva.

*He mencionado a Haniya en la introducción. Al principio del grupo, se sienta con los brazos cruzados sobre el pecho y las piernas cruzadas. Tiene la cara tensa y la mandíbula se le traba y destraba continuamente. Durante las presentaciones, habla de cómo, como gestora de proyectos que es, trabaja día y noche para cumplir los plazos a pesar de verse desanimada por la «incompetencia de los imbéciles» con los que trabaja. ¿Y ahora es a ella a quien amenazan con un plan de mejora del rendimiento en el trabajo? ¿Cómo es posible?*

El objetivo de la gestión de la ira no es convertirte en un santo ni dejar de experimentar sentimientos de ira. La ira es una emoción que desempeña un papel importante en tu vida psicológica y emocional. Te ayuda a saber cuándo necesitas hacer cambios y ajustes en las situaciones que te rodean. De hecho, los investigadores afirman que la gente busca terapia para la ira casi tanto como para la ansiedad, el motivo número uno para buscar terapia. El objetivo es averiguar cuándo, cómo y con quién puedes expresar eficazmente la ira para alcanzar mejor tus objetivos.

Si te pareces a Haniya, tienes tendencia a expresar la ira hacia el exterior de una forma que te causa mucho sufrimiento interno. Al igual que ella, puedes experimentar una acumulación de pensamientos negativos sobre tus compañeros de trabajo u otras personas de tu vida. Esto puede alimentar tu justificación para actuar con ira cuando algo finalmente acaba llevándote al límite; un último pensamiento negativo, una última interpretación del comportamiento de alguien, y explotas. Tu reacción puede llevarte a golpear tu escritorio, lanzar un objeto o utilizar un lenguaje vulgar contra alguien. Puede que sientas un alivio momentáneo, pero poco después te empiezas a sentir avergonzada y arrepentida, y te encuentras pidiendo disculpas. Con el tiempo, el ciclo volverá a empezar.

Algunas personas no experimentan mucha ira externa en el trabajo, pero cuando llegan a casa, explotan. Tal vez, como en el caso de Bobbi, te desahogues con tus seres queridos más cercanos. Esta madre soltera grita e insulta a su hija pequeña. O tal vez reprimas tu ira, como Beatrice, intentando negarla, pero acabas enfermando físicamente.

La agresividad y la ira son dos cosas distintas. La ira es simplemente la emoción que sientes cuando las condiciones que te rodean entran en conflicto con cómo quieres que sean. La agresividad es la expresión externa de la ira de una manera que es perjudicial para otras personas, para la propiedad o para ti mismo. La agresividad no ayuda a resolver nada. Al contrario, os hace sufrir a ti y a los que te rodean. Responder así a la ira es un comportamiento aprendido, que suele derivarse de cómo tu familia de origen gestionaba la emoción de la ira. Tal vez hayas sufrido malos tratos y tu reacción al trauma te lleve a actuar airadamente de formas que son dolorosas. Ten en cuenta que, sea cual sea la forma en que hayas aprendido a comportarte cuando estás enfadada, puedes aprender nuevos comportamientos que te provoquen a ti –y a las personas que te importan– mucho menos sufrimiento.

## Cerebro enfadado, cuerpo enfadado

La ira no es una cuestión moral, aunque la mayoría de las principales religiones del mundo piden que sus seguidores contengan su ira; no actuar de forma agresiva se considera virtuoso. Varias citas muy conocidas atribuidas a Siddhartha Gautama, o Buda (tras la iluminación), mencionan la gestión de la ira. El Tirukku⬚a⬚ (a menudo abreviado como Kural), un texto de 2.200 años de antigüedad utilizado por el pueblo tamil de la India y Sri Lanka, incluye consejos sobre el comportamiento ético en muchos ámbitos de la vida, incluida la gestión de la ira y de las reacciones airadas. Consta de 1.330 dísticos o pareados breves, cada uno de siete palabras, que se organizan en *adhikarams*, grupos de diez dísticos, cada uno sobre un tema concreto. Por ejemplo, el dístico 129 del *adhikaram* 13, «La posesión del autocontrol», dice: «La herida hecha quemando con fuego sanará, pero la herida provocada por palabras duras pronunciadas con nuestra lengua deja una cicatriz indeleble». En el *adhikaram* 31, sobre «No enfadarse», el autor, Thiruvalluvar, un poeta y filósofo muy conocido de la época, advierte a los lectores que la ira puede ser perjudicial especialmente para la persona que se enfada: «Si un hombre se protege, que se proteja de la ira; si no se protege, la ira lo matará» (dístico 305).

La ira es una emoción normal y cotidiana arraigada firmemente en el cerebro humano desde hace miles de años para ayudarnos a sobrevivir como especie. El cerebro contiene partes de todas las etapas de la historia evolutiva humana, y algunas de ellas siguen siendo bastante primitivas. Una de estas partes más primitivas es la amígdala, que alberga la memoria emocional y la respuesta de lucha o huida. Recordemos que se trata del sistema de alarma del cuerpo, responsable de reunir la fuerza y la energía necesarias para luchar o huir en respuesta a un peligro inmediato. La amígdala, que forma parte del sistema límbico, recibe información del mundo que nos rodea. A continuación, envía esa información a la corteza prefrontal –la parte del cerebro responsable del pensamiento y el juicio– o dispara inmediatamente la alarma de lucha o huida, sin tiempo para el juicio o la reflexión. Si la información recibida contiene suficiente intensidad emocional, la amígdala disparará la alarma de que hay que actuar de inmediato. Estas partes del cerebro son responsables de nuestra supervivencia. También están implicadas en la experiencia física de la ira.

La experiencia fisiológica de la ira es instintiva. Para tomar decisiones acertadas sobre tu comportamiento una vez que se ha despertado tu ira, debes aprender a activar la parte de tu cerebro que te permite pensar y tomar decisiones, el córtex prefrontal. Las técnicas descritas en este libro te ayudarán a conseguirlo.

Tus respuestas a la ira son aprendidas. Para cambiarlas, debes aprender nuevas respuestas, aunque no es sencillo. En el recuadro «Anatomía de un incidente airado» encontrarás un ejemplo de la vida cotidiana que ilustra lo que sucede en el cerebro y en el cuerpo cuando se despierta la ira.

## Unas palabras sobre seguridad

No se puede avanzar en la gestión de la ira si estás tan fuera de control que haces daño a otras personas. Debes interrumpir cualquier forma de agresión física hacia otra persona antes de comenzar este trabajo. Si consideras que tu ira está demasiado descontrolada y que corres peligro de hacer daño a alguien a tu cargo, busca ayuda inmediatamente. A continuación, encontrarás dos números que te pueden ser muy útiles. Para obtener una lista más completa de estos recursos, consulta la sección «Recursos» al final de este libro.

- ▶ Línea Nacional de Ayuda para Padres: disponible de lunes a viernes de 10 a 19 horas PST en el (855) 427-2736.
- ▶ Asociación de Enfermos de Alzheimer: una línea de ayuda las 24 horas para cuidadores en el (800) 272-3900.[1]

**Si tu pareja o un miembro de tu familia te está maltratando o si crees que se puede estar produciendo un maltrato mutuo, busca ayuda de inmediato.** Puedes llamar a la National Domestic Violence Hotline en el (800) 799-SAFE (7233). Para obtener un listado más completo de estos recursos, consulta la sección «Recursos» que se encuentra al final de este libro.

Cuando comiences a trabajar la gestión de la ira, debe haber una estructura de base de seguridad física tanto para ti como para quienes te rodean. Cuando por fin lo hayas conseguido, ya habrás recorrido un buen trecho.

---

1. Consultar la sección «Recursos» para información de España. (N. del E.)

# ANATOMÍA DE UN INCIDENTE AIRADO

**No oyes el despertador y llegas tarde al trabajo.** El sistema nervioso simpático entra en acción y la amígdala envía la alarma de que hay una amenaza. Esto desencadena el estado de lucha o huida. La amígdala no es lo suficientemente sofisticada como para calibrar el *nivel* de amenaza, sólo que existe esta amenaza. Entonces envía la señal de inundar el cuerpo con sustancias químicas para tensar los músculos, incrementar el ritmo cardíaco y acelerar la respiración. Tu respuesta de lucha o huida puede *parecerte* «una cuestión de vida o muerte», aunque simplemente llegues tarde al trabajo: «Estoy jodida. ¡Que idiota soy! ¿Por qué me ha vuelto a pasar?».

**Saltas de la cama y te das cuenta de que te has olvidado de que tienes una reunión importante a primera hora de la mañana.** Sientes pánico cuando en el cuerpo se liberan más sustancias químicas, como adrenalina y noradrenalina, seguidas de más sensaciones físicas y de pensamientos más exagerados.

**Entras en tu vehículo y te das cuenta de que casi tienes el depósito vacío.** La amígdala sigue disparando la alarma de amenaza y neurotransmisores y hormonas, como la adrenalina y la noradrenalina, siguen preparando el cuerpo para la lucha. Desde el punto de vista cognitivo, tu atención se reduce. Es difícil pensar en otra cosa que no sea la situación en la que te encuentras. Todo a tu alrededor parece ir demasiado lento: el empleado de la gasolinera, el tráfico, los semáforos. Gritas dentro de tu coche: «¡Vamos, vamos, que llego tarde!». Tus pensamientos empiezan a racionalizar: «¡Conductores idiotas que me estorban! ¿Por qué tienen que poner estas reuniones tan temprano? Mi jefe es un idiota por seguir planificando estas reuniones inútiles».

**El conductor que va detrás de ti no guarda la distancia.** Miras continuamente por el retrovisor y le echas miradas de reproche. La amígdala envía más mensajes de amenaza, seguidos de la liberación de más sustancias químicas de lucha o huida y de más pensamientos de enfado: «Debería frenar en seco para demostrarle a este idiota que cree que puede intimidarme: ¡le voy a partir la cara!».

**El conductor que iba detrás de ti ahora te hace un adelantamiento peligroso y tienes que frenar en seco.** Tu cerebro y tu cuerpo ya están en modo lucha o huida, pero la amígdala vuelve a dar la alarma ante este nuevo agravio y el cerebro se inunda de más neurotransmisores; el cuerpo se llena de más hormonas, los músculos se tensan, el corazón se acelera y la respiración se vuelve más difícil.

**Golpeas el volante tan fuerte como puedes, renegando y gritando.** Con el corazón latiendo aceleradamente, la adrenalina fluyendo por el cuerpo y la respiración acelerada, no puedes pensar en nada más que en esta horrible situación. Piensas: «No puedo más, ¡odio mi vida!». Pero después de un minuto más o menos de gritar y golpear el volante, empiezas a sentirte agotado. Empiezas a respirar más despacio, tu ritmo cardíaco vuelve lentamente a la normalidad y empiezas a pensar con más claridad. «Será mejor que me tranquilice; ya casi he llegado al trabajo». En ese momento entra en acción el sistema nervioso parasimpático, que empieza a liberar sustancias químicas tranquilizantes y mensajes para ralentizar el ritmo cardíaco, la respiración y la transpiración.

**Aparcas y bajas lentamente del vehículo, consciente de que tienes la camisa empapada de sudor y la mano dolorida de tanto golpear el volante.** Revisas el correo electrónico y descubres que la reunión se ha suspendido porque tu jefe está enfermo. Recuerdas la escena en el vehículo y empiezas a avergonzarte. Piensas en que te has puesto furiosa, pero ahora te resulta difícil evocar ese sentimiento. «Tengo que aprender a controlarme», piensas, avergonzada.

Como ves, la ira fácilmente puede surgir de los factores estresantes de la vida cotidiana. Si no somos capaces de activar el córtex prefrontal del cerebro desde el principio –la parte del cerebro responsable del razonamiento y la toma de decisiones– cuando aparecen estos factores estresantes, el sistema nervioso simpático del cuerpo puede activarse como si estuviéramos bajo una grave amenaza. Una vez liberadas, el cuerpo puede tardar entre treinta minutos y más de una hora en reabsorber todas las sustancias químicas de lucha o huida.

# La ira en función del sexo

La experiencia fisiológica real de la ira parece ser la misma para las mujeres que para los hombres. En otras palabras, la ira es la ira. Sin embargo, los desencadenantes, los objetivos, las expresiones y, quizás más importante aún, las consecuencias de esa expresión son diferentes en hombres y mujeres. En Estados Unidos y la inmensa mayoría de los países, es socialmente aceptable que los hombres se enfaden más a menudo y muestren su ira con más facilidad. Esto puede deberse a que la ira se asocia con el poder y el estatus. Sin embargo, aunque en general está más aceptado social y culturalmente que los hombres expresen su ira que las mujeres, éstas son las que más manifiestan su ira y parecen mantenerla durante más tiempo. En 1995, la encuesta «Aging and the Sense of Control» («Edad y sensación de control»), dirigida por John Mirowsky y Catherine Ross, de la Universidad de Texas, preguntó a 2.592 adultos estadounidenses de entre 18 y 95 años. Se observó que las mujeres son más propensas que los hombres a expresar su ira gritando. La «1996 General Social Survey» («Encuesta social general de 1996»), llevada a cabo por el Centro Nacional de Investigación de la Opinión, demostró, gracias a una muestra de 1.460 adultos, que las mujeres también meditan más sobre su ira, hablan más con las personas objeto de su ira y tardan más en calmarse.

Entre 1989 y 1997, el «Women's Anger Project» («Proyecto de la ira en mujeres») estudió la ira cotidiana de unas 700 mujeres de Estados Unidos, Turquía y Francia. El estudio en dos fases fue realizado por la Dra. Sandra Thomas y sus colegas de la Universidad de Tennessee, la Universidad de Carolina del Norte y la Universidad de Emory, y analizó el efecto del racismo y la opresión sobre los niveles de estrés e ira en la vida de las mujeres. Por lo general, cuanto más alto era el nivel socioeconómico de una persona, más se le permitía expresar su ira.

# AUTOEVALUACIÓN DE LA IRA

La siguiente autoevaluación de la ira tiene por objeto revelar la gravedad y frecuencia de tus respuestas de ira. No se trata de una herramienta de diagnóstico formal, sino más bien de una herramienta informativa que te ayudará a orientar tu trabajo de gestión de la ira.

Responde a las siguientes afirmaciones y suma la puntuación total. Rodea con un círculo el 1 para *nunca*, el 2 para *rara vez*, el 3 para *a veces*, el 4 para *a menudo* o el 5 para *siempre*.

**1.** Cuando estoy enfadada, a menudo siento dolor físico, como dolor de estómago o de cabeza.

       1        2        3        4        5

**2.** Intento ocultar mi ira ante los demás.

       1        2        3        4        5

**3.** Cuando estoy enfadada con alguien, cotilleo sobre esa persona o intento hacerle daño de alguna otra manera.

       1        2        3        4        5

**4.** Cuando estoy enfadada, descargo mi frustración con mis seres queridos, no con la persona con la que estoy realmente enfadada.

       1        2        3        4        5

**5.** Me irrito por pequeñas cosas.

       1        2        3        4        5

**6.** Tengo poca paciencia.

       1        2        3        4        5

**7.** Cuando me enfado de verdad, quiero pegar a alguien.

       1        2        3        4        5

**8.** Cuando me enfado mucho, quiero romper cosas.

       1        2        3        4        5

**9.** Tengo pensamientos obsesivos que me hacen enfadar.

       1        2        3        4        5

**10.** Me irrita mucho que la gente no entienda lo que intento decirles.

1        2        3        4        5

**11.** Me enfado al menos una vez a la semana.

1        2        3        4        5

**12.** Mis ataques de ira molestan a las personas que me rodean.

1        2        3        4        5

**13.** Me impaciento mucho cuando el vehículo de delante va demasiado lento.

1        2        3        4        5

**14.** Me enfado cuando alguien se salta las normas, como por ejemplo cuando alguien lleva demasiados artículos en la caja rápida del supermercado.

1        2        3        4        5

**15.** Me enfado cuando la gente es grosera conmigo.

1        2        3        4        5

**16.** A menudo me irritan determinadas personas de mi vida.

1        2        3        4        5

**17.** Siento mucha vergüenza y culpa por mis reacciones airadas.

1        2        3        4        5

**18.** A menudo siento mucha tensión muscular y estrés.

1        2        3        4        5

**19.** Grito o digo palabrotas cuando estoy enfadada.

1        2        3        4        5

**20.** Me enfado tanto que me siento como un volcán a punto de explotar.

1        2        3        4        5

**21.** Me frustro rápidamente cuando las máquinas o los equipos no funcionan bien.

1        2        3        4        5

**22.** Mantengo la ira contra personas y situaciones durante mucho tiempo.

     1        2        3        4        5

**23.** No tolero a las personas incompetentes. Hacen que me enfade.

     1        2        3        4        5

**24.** Creo que la gente intenta salirse con la suya en cosas que no debería.

     1        2        3        4        5

**25.** Sufro ataques de ira cuando los miembros de mi familia no se ocupan de las tareas de las que se tienen que ocupar.

     1        2        3        4        5

**TOTAL** _____

## Clave de puntuación

**80-100** Es probable que tu expresión de ira te esté metiendo en graves problemas con los demás. Probablemente valdría la pena buscar ayuda profesional y trabajar con este libro.

**60-80** Es posible que necesites ayuda profesional, pero sin duda tienes que trabajar para poder controlar tu ira de forma deliberada.

**50-60** Tienes mucho margen de mejora. Podría irte muy bien leer libros de autoayuda sobre el control de la ira.

**30-50** Probablemente te enfadas tan a menudo como la mayoría de la gente. Controla tus episodios de ataques de ira y fíjate si en unos meses puedes reducir tu puntuación.

**Por debajo de 30** Buen trabajo. Es muy probable que estés controlando bien tu ira.

*Adaptado de Outlook Associates of New England Anger Assessment.*

Está bien documentado que los hombres ganan más dinero que las mujeres, tanto en general como en campos específicos. Los hombres también ocupan más puestos de autoridad en la vida empresarial y política. La presión cultural que se ejerce sobre las mujeres para que sean educadas y calladas, unida al dominio masculino del poder y el dinero en nuestra cultura y nuestra sociedad, nos permite deducir los motivos por los cuales es más aceptable que los hombres expresen abiertamente su ira que las mujeres.

Pero la Dra. Thomas y sus colegas también han descubierto que la ira de las mujeres se despierta por circunstancias diferentes a las de los hombres. Una gran diferencia es que las mujeres experimentan estresores vicarios; no sólo están provocados por sucesos y situaciones que les afectan directamente, sino también por sucesos que afectan a sus seres queridos. Así pues, aquello que afecta a un cónyuge, un padre, un hermano, un hijo o un amigo también afecta a las mujeres que están vinculadas a ellos.

La Dra. Thomas afirma que el desencadenante más común de la ira de las mujeres es la impotencia: las mujeres intentan influir en el cambio en el lugar de trabajo o sobre otras personas importantes, pero son incapaces de conseguirlo. La Dra. Thomas ha descubierto que las mujeres suelen tener la sensación de que las personas importantes y los compañeros de trabajo no escuchan su punto de vista.

El segundo desencadenante más común de la ira de las mujeres es la injusticia. Muchas de las encuestadas en los estudios de Thomas relataron ejemplos de seres queridos y compañeros de trabajo que las trataban de manera injusta o que les faltaban el respeto.

Por último, el tercer desencadenante más común de la ira de las mujeres fue la «falta de responsabilidad». Las mujeres mencionaron la elusión de responsabilidades por parte de la pareja, los hijos y los compañeros de trabajo como una causa importante de ira.

La situación de Brittany es un ejemplo que ilustra las conclusiones de la Dra. Thomas y su equipo sobre las diferencias en los desencadenantes de la ira en función del sexo.

*Brittany y su marido, Kyle, llevan casados ocho años y tienen dos hijos, un niño de siete años que está en segundo de primaria y una niña de tres años que va a infantil. Brittany trabaja a tiempo completo, de lunes a viernes, como gerente en una ajetreada oficina de facturación médica, mientras que Kyle es electricista autónomo y lleva a cabo trabajos de diversa envergadura, y al mismo tiempo en distintas partes del estado. Brittany y Kyle se levantan todos los días a las 5 de la mañana: él se prepara para ir a trabajar y ella prepara el desayuno de todos los miembros de la familia, despierta a los niños, los ayuda a vestirse, procura que coman y los acompaña a sus respectivas escuelas antes de desplazarse a su trabajo.*

*Kyle suele salir antes del trabajo e intenta llegar a casa para echar una siesta rápida antes de que llegue la familia, ya que (considera que) su trabajo es «más agotador físicamente» que el de oficina y necesita un descanso. A las 5 en punto, Brittany sale de su trabajo, recoge rápidamente a su hijo de extraescolares y luego se da prisa para ir a recoger a su hija antes de que la escuela cierre a las 5:30 (la escuela cobra un dólar por cada minuto que llega tarde).*

*Brittany ha hablado muchas veces con Kyle sobre cómo podrían turnarse para recoger y dejar a sus hijos, pero Kyle insiste en que no funcionará con el horario que siguen la mayoría de las obras. Brittany se siente impotente para cambiar la situación.*

*Brittany también siente que Kyle la está tratando injustamente, ya que él «quería tener hijos tanto» como ella, pero no ve (o no está dispuesto a ver) la cantidad de trabajo que requiere cuidar de ellos. También cree que él elude la responsabilidad de ayudar en la gestión de la casa, ya que el fin de semana se va a jugar al golf «para aliviar el estrés», evitando así tareas como la limpieza de la casa, hacer la colada, ir a comprar la comida, etc.*

*Su ira crece y crece. Piensa en divorciarse de Kyle, ya que, de alguna manera, se siente «prácticamente una madre soltera». A medida que aumenta su frustración se encuentra a sí misma gritándole a Kyle –y a los niños–, y no ve otra salida a la situación. Sin embargo, sabe que en el fondo quiere a Kyle, que a veces pasan buenos ratos juntos y que sus hijos quieren a su padre. Además, necesitan los ingresos de Kyle para mantener el hogar; sería muy duro para todos si se separaran. Brittany se siente atrapada.*

Las mujeres encuestadas se mostraron más abiertas que los hombres a hablar sobre la ira para gestionarla. Hablar sobre la ira en un momento y un lugar emocionalmente seguros es un método de investigación derivado de las escalas de la ira de Framingham. La Dra. Thomas explica este método en el libro *Women and Anger*.

Ésta es, con mucho, la vía física y emocional más saludable a la hora de expresar tu ira. Exploraremos el método de hablar sobre la ira con mucho más detalle más adelante en el libro.

# Diario de exploración de la ira

Analicemos ahora tu experiencia diaria de la ira. Es importante que averigües toda la información que puedas sobre tus experiencias con la ira. Ponte la bata de laboratorio, saca tu cuaderno y prepárate para recopilar todos los datos posibles sobre tus explosiones o tus «implosiones» de ira. La mejor manera de describir una «implosión» es cuando aparece el ataque de ira y sientes los síntomas físicos del sistema de lucha o huida: ritmo cardíaco acelerado, tensión muscular, respiración superficial, sudoración. Es probable que también experimentes las racionalizaciones y los pensamientos distorsionados que justifican tu respuesta de ira. Pero en lugar de expresar externamente tu ira, la interiorizas. Puede que sientas que vas a explotar, pero te guardas la ira dentro. Siguiendo las indicaciones que aparecen a continuación, examina tu episodio de ira más reciente con sumo detalle. Esto te ayudará a establecer una cronología para seguir estudiando tus sensaciones físicas, tus pensamientos, tus comportamientos y, en última instancia, las consecuencias.

**Acontecimiento desencadenante:**

**Las tres cuestiones del acontecimiento (con quién estabas, cuándo ocurrió, qué ocurrió):**

**¿Cuál fue la intensidad de tu ataque de ira en una escala del 1 al 10 (10 significa completamente enfurecida)?** _____

¿Qué sensaciones físicas tuviste (por ejemplo, aumento del ritmo cardíaco, sudoración, temblores, respiración acelerada)?

_____

_____

_____

¿Qué pensamientos negativos alimentaron tu ira (por ejemplo, mi hijo está intentando volverme loca a propósito, el conductor de ese vehículo está echando a perder mi jornada)?

_____

_____

_____

¿Cuáles fueron tus expresiones físicas de ira (por ejemplo, cruzar los brazos, señalar, gritar, decir palabrotas, arrojar algún objeto)?

_____

_____

_____

¿Cuáles fueron las consecuencias de esta situación (positivas, negativas, neutras)?

_____

_____

_____

¿Qué crees que podrías haber hecho de otra manera?

_____

_____

_____

_Adaptado de Outlook Associates of New England Anger Log._

Encontrarás más copias en blanco de este registro de la ira al final del libro y *online* en la página web www.Neighborhood CounselingServices.org. Intenta llevar un registro de los episodios de ira durante el próximo mes, más o menos. ¿Suceden con las mismas personas? ¿A qué hora del día ocurren? ¿Hay algún acontecimiento precipitante que los desencadene? A medida que vayas avanzando en este libro, aprenderás a dar sentido a estos patrones y a cambiar tu reacción cuando te enfades. Te recomiendo que lleves un diario encima para anotar cualquier pensamiento o sentimiento nuevo que experimentes.

## Qué ocurre realmente cuando experimentamos ira

Cuando experimentamos ira, no solemos sentirnos amenazados hasta el punto de tener que luchar físicamente. Por ejemplo, si estás esperando en la cola del supermercado o del banco y te enfadas porque la persona de la caja va despacio, en realidad no te están haciendo nada. Sin embargo, tu sistema nervioso parasimpático no lo sabe y desencadena una respuesta exagerada a la «amenaza».

Algunas personas tienen más tendencia a las respuestas de ira que otras. Es probable que conozcas a alguien alegre y despreocupado a quien no parece molestarle mucho. Puede que esa persona tenga una fisiología que tarda en despertar la ira. Tal vez creció en una familia en la que vio cómo los adultos reaccionaban a los factores estresantes de la vida con menos irritabilidad e ira. Tal vez tenga una feliz combinación de ambas cosas.

En cambio, puede parecer que otras personas se encuentran en un estado constante de ira. Esta característica de la personalidad se conoce como rasgo de ira. Quienes puntúan más alto en las características de rasgo de ira tienden a mantener una línea basal más propensa a la ira y la irritabilidad. Esencialmente, las personas con rasgo de ira tienen fusibles más pequeños. Ven los factores estresantes cotidianos a través de una lente de irritación. Una persona con un mayor nivel de rasgo de ira experimenta la ira con más frecuencia e intensidad que otras. La genética puede desempeñar un papel importante, pero los investigadores también consideran que la socialización –la forma en que las personas importantes de su entorno enseñan a una persona a expresar la ira– es otro factor que contribuye.

Las personas que padecen trastorno de estrés postraumático (TEPT) suelen experimentar respuestas emocionales desproporcionadas a nivel del desencadenante de la ira. El TEPT es un síndrome provocado por sucesos traumáticos en la vida de una persona, cuyos síntomas pueden incluir un aumento de la ira y la irritabilidad. Este trastorno hace que el sistema nervioso parasimpático se vuelva hipervigilante y demasiado sensible a los desencadenantes de la vida cotidiana. Esto puede hacer que las personas se irriten con más facilidad y se vuelvan más irascibles. El TEPT y su papel en la ira son especialmente relevantes para las mujeres, que tienen el doble de probabilidades de ser diagnosticadas de TEPT que los hombres.

## Tratamiento de la ira

Existen varios enfoques terapéuticos que ayudan a gestionar la ira. En este libro me centro en dos de ellos: las estrategias de TCC y el *mindfulness*. Armada con estas tácticas, puedes realizar cambios positivos en el comportamiento relacionado con la ira y crear hábitos de autocuidado que reduzcan la probabilidad de que las semillas de la ira germinen y se conviertan en incidentes en toda regla.

## Terapia cognitivo-conductual (TCC)

Si no estás familiarizada con la TCC, se trata de una técnica psicoterapéutica bien estudiada y con un éxito bien documentado. Esta técnica se utiliza para examinar los pensamientos distorsionados o negativos y su papel a la hora de dar forma a comportamientos, sentimientos y resultados indeseables. Además de examinar las cogniciones negativas (o los pensamientos negativos) y su papel como alimentador de la ira, también observarás la respuesta del cuerpo a la ira. A menudo, los pacientes se sorprenden al notar el gran número de sensaciones que afloran en su cuerpo antes de un episodio de ira. Algunas de estas respuestas son sutiles; una paciente describió una sensación «creciente» en su cuerpo justo antes de una explosión de ira. Otras respuestas son más evidentes, como las palpitaciones, la respiración superficial o la sudoración. Tener en cuenta lo que nos dice el cuerpo, incluso antes de que esas sensaciones se conviertan en pensamientos, es un paso importante para gestionar mejor la ira.

Aunque la TCC y algunas de las otras técnicas analizadas en este libro se practican mejor con la colaboración de un terapeuta, este libro ilustra ciertos métodos que puedes practicar por tu cuenta. De todos modos, estos métodos no pretenden sustituir a la psicoterapia. Por favor, recurre a la ayuda de un profesional licenciado siempre que sea necesario.

## Mindfulness

Además de la TCC y la monitorización de las respuestas fisiológicas, también aprenderás a emplear técnicas de *mindfulness* para ayudar a reducir las reacciones de ira. El *mindfulness* te ayuda a despertar al momento presente que estás viviendo, con tu plena conciencia física y mental del momento. Las técnicas de *mindfulness* te ayudan a centrar tu mente en una única cosa para estar plenamente presente. A lo largo de este libro describiremos y practicaremos más a fondo las técnicas de *mindfulness*.

## La importancia del autocuidado

Por último, perfeccionarás tus actividades de autocuidado. Todos abogamos por una buena alimentación, ejercicio adecuado, descanso y sueño suficientes, y tiempo con los amigos. En este libro practicarás la integración en tu día a día de estas actividades que nutren el alma y reducen la ira. Para cualquier persona interesada en reducir su reactividad a la ira, las actividades de autocuidado no son una opción, son una obligación.

# Resultados positivos

Este libro de ejercicios describe un proceso en cinco pasos. Utilizando los pasos EARM (evaluar, actuar, restablecer, mantener), empezarás a aprender nuevas respuestas a la ira. A través de los ejercicios guiados, podrás hacer lo siguiente:

1. **Evalúa tu ira.** Aquí controlarás las respuestas fisiológicas de tu cuerpo a la ira, descubriendo los patrones de pensamiento subyacentes y las racionalizaciones que contri-

buyen a tu tipo de respuesta. También explorarás cualquier sentimiento adicional que acompañe a tu ira y tendrás información de tu estilo de expresión, incluyendo los desencadenantes y los objetivos de tu ira.

2. **Actúa.** Explorarás y utilizarás nuevos enfoques para controlar mejor tu ira. Las técnicas para gestionar las respuestas fisiológicas a los desencadenantes incluyen el cambio de la temperatura corporal, la respiración acompasada y el ejercicio intenso. Se te presentarán técnicas de «tiempo muerto» que te animarán a abandonar situaciones en las que se ha roto la comunicación. Aprenderás técnicas de «detención del pensamiento» para poner fin a los pensamientos negativos repetitivos, técnicas de reevaluación y de distracción, cómo expresar tus sentimientos a través del arte y la música, técnicas de *mindfulness* como medio para reducir la reactividad y cómo elegir mejores respuestas a la ira.

3. **Restablece la comunicación (primera parte).** Sentarás las bases para una expresión y una discusión más productivas de tus deseos y necesidades evaluando primero tu estilo de conflicto. Se introducirán habilidades de comunicación esenciales, como la escucha activa y hablar utilizando frases en primera persona. Además, aprenderás a controlar tus expresiones faciales y tu lenguaje corporal, y a prestar atención a las emociones subyacentes en lo que la otra persona te está comunicando.

4. **Restablece la comunicación (segunda parte).** Aprenderás y utilizarás técnicas, como los cuatro pasos de la comunicación no violenta de Rosenberg y las cuatro estrategias sencillas de Gottman, para aprender a comunicar mejor tus deseos y necesidades, así como a escuchar los deseos y necesidades de los demás.

5. **Mantén el progreso.** Te equiparás con las herramientas para poner en práctica nuevos enfoques de la ira utilizando estrategias de autocuidado, así como la autoconciencia continua y la monitorización del comportamiento.

Trabajar con los ejercicios de este libro te permitirá:

- Reconocer las señales físicas de tu cuerpo que te indican que te estás enfadando.
- Reconocer los pensamientos negativos e inútiles que tu cerebro «elige» y que alimentan las reacciones de ira.
- Reflexionar sobre las respuestas «aprendidas» de tu familia de origen a los desencadenantes de la ira y cómo cambiarlas.
- Identificar cuáles son tus desencadenantes.
- Identificar quiénes y cuáles son tus objetivos.
- Tomar decisiones conscientes sobre cómo responder a las situaciones de ira.
- Discernir qué condiciones de tu vida contribuyen a tu ira y cómo cambiarlas.
- Practicar técnicas de comunicación eficaces para expresar necesidades, deseos y peticiones.
- Practicar técnicas de *mindfulness* para calmar la mente y abrirse a las posibilidades de cada momento.
- Planificar y poner en práctica el autocuidado para crear más equilibrio en tu vida.

## SOHE

Tómate un momento para sentarte e imaginar cómo será tu vida cuando te veas más capaz de controlar tu ira. Cierra los ojos o concéntrate en un punto del suelo. Imagina un momento, quizás dentro de unos meses, en el que no dejes que tu ira te domine. A continuación, registra tu experiencia.

**S**iéntete (imagina cómo te sentirías física y emocionalmente si gestionaras mejor la ira):

_____

_____

_____

**O**bsérvate (imagina cómo te verían los demás si controlaras mejor tu ira):

_____

_____

_____

**H**az (imagina qué harías de otra forma si gestionaras mejor la ira):

_____

_____

_____

**E**mpodérate (imagina qué te sentirías capacitada para hacer si gestionaras mejor la ira):

_____

_____

_____

Toma nota de cómo quieres que tu ira desaparezca en el futuro. Conserva estos objetivos para consultarlos más adelante.

_____

_____

_____

## Encontrar una nueva protección

La ira es una emoción poderosa y energizante, una de las principales respuestas instintivas de supervivencia del ser humano. Para muchas de nosotras, especialmente las que hemos sido oprimidas o maltratadas, renunciar a la respuesta de ira es una perspectiva aterradora. Quizás estas respuestas aprendidas ayudaron a tu abuela o a tu madre a sobrevivir a situaciones terribles en el pasado. Tal vez las explosiones de ira hayan ayudado a tus antepasados a llevarse bien y a afrontar la vida, hasta cierto punto. Las respuestas de ira pueden mantener a raya a las personas amenazadoras y ayudar a establecer límites. Pero si estás buscando nuevas formas de abordar lo que desencadena tu ira, entonces estas respuestas ya han superado su propósito.

Es posible establecer límites con otras personas, expresar tus necesidades y deseos, y alcanzar más objetivos sin explosiones ni implosiones de ira. Lo conseguirás aprendiendo más sobre el método de dialogar sobre la ira, entre otras técnicas. Son muchos los componentes que intervienen en una conversación emocionalmente segura y productiva sobre lo que te irrita. Además, estas conversaciones no siempre empiezan con la persona con la que estás enfadada. Aplicar el método de dialogar sobre la ira es más productivo a largo plazo que ser verbalmente agresiva, ya que incluye a un oyente comprensivo e interesado en participar en el diálogo.

Si utilizas este libro durante las próximas doce semanas aproximadamente, podrás evaluar sistemáticamente tu ira. ¿Cuál es tu estilo de expresar la ira? ¿Qué desencadena tu ira? ¿Qué respuestas fisiológicas experimentas cuando te enfadas? ¿Quiénes y qué son tus objetivos? ¿Qué pensamientos alimentan tu ira, limitan tu foco de atención y mantienen tu ira? Probarás nuevas estrategias para gestionar las respuestas de tu cuerpo a la ira, de modo que puedas aprender nuevos comportamientos en respuesta a tus señales fisiológicas. A veces empezamos a actuar mejor antes de sentirnos mejor. Se trata de un buen punto de partida. No puedes obligar a tus sentimientos a cambiar, pero cambiarán a medida que ganes confianza en tu capacidad de cambiar tus interacciones para mejor.

## Autoevaluación del capítulo 1

Al final de cada capítulo se te pedirá que hagas una revisión para que tengas la oportunidad de procesar lo que has aprendido y determinar qué información te gustaría guardar para más adelante. En este capítulo hemos aprendido sobre los aspectos positivos y negativos de la ira, cómo responde el cuerpo a la ira y cómo los desencadenantes de la ira y las respuestas de las mujeres difieren de los de los hombres. También hemos mencionado la TCC y el *mindfulness* como enfoques de tratamiento que en los próximos capítulos utilizaremos para controlar la ira. Por último, hemos desarrollado una visión de cómo o qué queremos sentir, observar, hacer y estar empoderadas una vez que hagamos cambios para mejor en nuestras respuestas a la ira. Por favor, dedica unos minutos a escribir sobre lo que te ha llamado más la atención del capítulo 1 y lo que te gustaría recordar.

# 2

# Evalúa tu ira

*Durante el trabajo en grupo, Margaret está sentada, con la cabeza entre las manos. Se siente impotente para cambiar sus respuestas conductuales, ya que su ira «pasa de 0 a 100 en menos que canta un gallo». Como camionera de larga distancia, Margaret está acostumbrada a estar sola, tratando con gente dura y situaciones complicadas. Sin embargo, ahora está de baja médica familiar, cuidando de su pareja, Jane, cuya enfermedad de Alzheimer está empeorando. Margaret quiere a Jane. Pero los crecientes olvidos de su compañera, sus preguntas repetitivas y su agitación a última hora de la tarde, el conocido «empeoramiento nocturno», le están pasando factura. A menudo Margaret acaba gritando a Jane y arrojando objetos en la cocina. Siente vergüenza y remordimientos por su comportamiento.*

## Respuestas fisiológicas

Para empezar a gestionar mejor tu ira, una de las primeras cosas que debes abordar es comprender la reacción física de tu cuerpo ante un desencadenante de ira. Como ya hemos explicado en el capítulo 1, cuando experimentas un desencadenante de ira, entra en acción el sistema nervioso simpático del cuerpo, que estimula la respuesta instintiva de supervivencia de lucha o huida. Antes de que puedan formarse pensamientos de enfado, incluso antes de que seas plenamente consciente de lo que te está provocando, tu cuerpo está preparado para la acción.

A continuación, encontrarás un listado de respuestas fisiológicas comunes a la ira. Piensa en tus propios ataques de ira e intenta recordar cómo empezaron. Evalúa tus respuestas fisiológicas iniciales a la ira. Si eres como Margaret, puede requerir cierta práctica. Es posible que no notes ninguna respuesta fisiológica antes de actuar con ira. Pero si te fijas bien, verás signos reveladores.

## Respuestas fisiológicas comunes a la activación de la ira

- **Tensión muscular.** El cuerpo se siente tenso y alerta. Muchas personas experimentan tensión en el cuello, los hombros, la espalda o el pecho.
- **Aumento de la frecuencia cardíaca.** Se puede experimentar desde un ligero aumento de la frecuencia cardíaca hasta sentir que el corazón late con fuerza en el pecho.
- **Respiración rápida.** La respiración se vuelve más rápida y superficial.
- **Sudoración.** Algunas personas experimentan que su cuerpo «se calienta». Puede incluir aparición de sudoración en la cara, la cabeza, el cuello, las axilas o las manos.
- **Temblores.** La adrenalina y la noradrenalina liberadas en el torrente circulatorio (que también son las causantes de la tensión muscular) pueden provocar temblores.
- **Llanto.** Algunas personas lloran cuando están muy enfadadas, ya sea durante un episodio de ira o después.

Enumera tus respuestas fisiológicas más habituales a los desencadenantes de la ira (si es posible) en el orden en que se producen. A medida que vayas adquiriendo práctica en esta técnica, te resultará más sencillo reconocer tus respuestas.

**Primera reacción:** _____

**Segunda reacción:** _____

**Tercera reacción:** _____

**Cuarta reacción:** _____

## Evalúa la intensidad de tu ataque de ira

Antes de decidir cuál es la mejor respuesta a la ira, debes ser capaz de evaluar la intensidad de tu reacción de ira. Si te sientes agobiada por la experiencia fisiológica de la ira, no estarás ni cognitiva ni emocionalmente preparada para entablar conversaciones emocionales productivas con los demás. Puedes pensar en la intensidad de tu ira utilizando la siguiente escala.

1. Ningún enfado. No hay agitación física.
2. Ligeramente enfadada. Notas una ligera agitación física.
3. Algo incómoda. Notas más agitación física.
4. Molesta. Sigue aumentando la agitación física.
5. Irritada. Has alcanzado un nivel moderado de agitación física. Te resulta difícil ocultar los síntomas físicos.
6. Acalorada. Las señales externas de ira son más evidentes.
7. Cabreada. Aparecen más síntomas físicos de enfado. Ha llegado el momento de plantearte apartarte de la situación.
8. Airada. Aparecen aún más síntomas físicos de ira. Cada vez tienes menos control de la situación. Debes apartarte de la situación.

9. Furiosa. Físicamente te sientes abrumada por la ira. Cada vez tienes menos control de las respuestas. Es imperativo que te apartes de la situación.
10. Iracunda. Llegas a la agitación física total. Quienes te rodean pueden llegar a asustarse en este momento.

**Piensa en tu último ataque importante de ira. ¿Cuál fue la intensidad de esa experiencia?**

_____

_____

**Cuando pienses en un incidente de ira importante, intenta recordar cuánto duró tu estado de ánimo.**

- ☐ De uno a dos minutos
- ☐ Unos cinco minutos
- ☐ De diez a veinte minutos
- ☐ De treinta minutos a una hora
- ☐ Más de una hora
- ☐ Medio día
- ☐ Todo el día
- ☐ Más de un día hasta una semana

# Respuestas cognitivas: el poder de los pensamientos airados

_Haniya trabaja muy duro. Hace poco la ascendieron a directora de proyectos de desarrollo de software en una gran empresa multinacional de robótica. Como se la valora por sus habilidades organizativas y técnicas, dirección pensó que podría ayudar a su equipo a cumplir pla-_

*zos importantes. Sólo hay un problema: los miembros de su equipo. Llegan tarde, se quedan en la sala de descanso bebiendo café, se alargan en los almuerzos y la miran mal cuando entra en la sala. «¡Vagos incompetentes!», piensa mientras mira a sus compañeros de trabajo. En las reuniones de equipo, señala a sus compañeros y les grita incrédula: «¿Qué problema tenéis? ¿Por qué no habéis hecho el trabajo?». Siente que ninguno de ellos la soporta y por eso no se esfuerzan. A menudo piensa: «¡Cualquier proyecto en el que participen estos idiotas será un verdadero desastre!». Estos pensamientos no la dejan dormir por las noches.*

Nuestros pensamientos tienen un poderoso efecto sobre nuestras emociones, sobre nuestro comportamiento y sobre la forma en que percibimos las situaciones y las personas de nuestra vida. Todos tenemos varias «lentes» a través de las cuales lo vemos todo. Estas lentes se basan en experiencias pasadas, percepciones y nociones preconcebidas. Pero a veces estas lentes pueden ser bastante imprecisas. Otra forma de definir estas lentes es llamarlas «distorsiones del pensamiento» o «errores del pensamiento». Lo interesante de estos pensamientos distorsionados es que no son necesariamente verdaderos o reales.

Por ejemplo, una vez perdí mi teléfono móvil y me enfadé mucho, porque pensaba que mi hija pequeña lo había escondido para poder ver vídeos de YouTube. Estaba convencida de que era así. «¡Esta niña siempre me coge el móvil y ahora lo ha escondido!», me repetía. Seguí acusando a mi hija de robarme el móvil, cosa que ella negó repetidamente. Al cabo de un día más o menos, encontré el móvil en el fondo del armario de los abrigos, donde se me había caído del bolsillo de la chaqueta.

Avergonzada, me disculpé con mi hija por haberla culpado equivocadamente.

Pensamientos como ése no son reales. Sin embargo, a menudo los seguimos, incluso cuando pueden provocarnos dolor. Las distorsiones del pensamiento pueden aumentar nuestra respuesta de ira al alimentar nuestras percepciones de cómo se nos está frustrando la consecución de nuestros objetivos en una situación determinada. A continuación, encontrarás una lista de las distorsiones de pensamiento más comunes. La mayoría de las personas tienen algunos patrones predeterminados y pueden reconocer su influencia en su pensamiento y su comportamiento. Comprueba si reconoces alguna de estas distorsiones de pensamiento en tu forma de pensar.

## Distorsiones comunes del pensamiento que pueden aumentar la ira

### Pensamiento de todo o nada / blanco o negro

**Descripción:** La otra persona está totalmente equivocada y yo tengo toda la razón. Sólo hay una forma de ver o de comportarse en esta situación, y yo tengo toda la razón.

**Cómo contrarrestar esta distorsión:** Intenta adoptar el punto de vista de la otra persona. Ponte en su lugar por unos instantes. ¿Cómo se ve el asunto desde la otra perspectiva?

### Echar la culpa

**Descripción:** La otra parte o las otras partes de la situación son responsables de tu ira y de tus respuestas de ira.

**Cómo contrarrestar esta distorsión:** Intenta ceñirte a tus propios sentimientos y a tu respuesta. Pregúntate: «¿Qué es lo que no estoy consiguiendo en esta situación? ¿Qué objetivos que tenía están siendo bloqueados?».

## Ser catastrofista

**Descripción:** Ocurrirá el peor resultado posible.

**Cómo contrarrestar esta distorsión:** Pregúntate: «¿Qué probabilidades hay de que se produzca el peor escenario posible? ¿Cuáles son los otros resultados posibles?».

## Razonamiento emocional

**Descripción:** Piensas que lo que sientes acerca de la situación es también el hecho de la situación.

**Cómo contrarrestar esta distorsión:** Pregúntate: «¿Cuáles son los hechos de la situación?». Piensa en lo que realmente ha ocurrido y de momento deja de lado los juicios.

## Generalizar

**Descripción:** Estas cosas «siempre» te ocurren; las cosas «nunca» salen como tú quieres.

**Cómo contrarrestar esta distorsión:** Recuérdate a ti misma que ha habido momentos en los que las cosas han ido bien. Las situaciones no siempre tienen el mismo desenlace. Ni tú ni los demás actuáis siempre de la misma manera.

## Etiquetar

**Descripción:** Las acciones o el carácter de otra persona pueden reducirse a una etiqueta negativa, lo que te lleva a insultarla o a tener pensamientos despectivos sobre ella.

**Cómo contrarrestar esta distorsión:** Deja a un lado el lenguaje crítico y los insultos. Una vez más, ¿cuáles son los hechos de la situación, sin ningún lenguaje emocional malsonante?

## Minimizar lo positivo

**Descripción:** Las cosas van mal mucho más a menudo de lo que van bien con la persona, la situación o la relación en general.

**Cómo contrarrestar esta distorsión:** Admite las interacciones positivas con la persona con la que estás enfadada y otras ocasiones en las que situaciones similares han ido bien.

## Atribuciones erróneas

**Descripción:** Lees la mente o crees que conoces los motivos y la lógica del comportamiento de la otra persona.

**Cómo contrarrestar esta distorsión:** Cíñete a los hechos de la situación. ¿Qué observas realmente con tus sentidos? Deja de lado las interpretaciones o suposiciones sobre los pensamientos o los motivos de la otra persona.

## Filtro negativo

**Descripción:** Crees que en una determinada situación sólo hay aspectos negativos y ninguna posibilidad de un resultado positivo.

**Cómo contrarrestar esta distorsión:** Deja abierta la ventana de la posibilidad. No necesariamente sabes cómo van a salir las cosas. Amplía la lente desde la que miras. Busca alternativas positivas a lo que está pasando en este momento.

## Sentencias «debería»

**Descripción:** Crees que la gente debería actuar de una manera determinada o que las situaciones deberían tener un resultado concreto.

**Cómo contrarrestar esta distorsión:** Recuerda que las afirmaciones «debería» son subjetivas. La forma en que crees que una persona debería actuar o pensar puede que no sea la forma en que esa persona cree que debería actuar o pensar.

Haniya ha mostrado numerosos ejemplos de patrones de pensamiento negativo sobre su vida laboral; por ejemplo:

**Pensamiento de todo o nada / blanco o negro:** Cree que sus compañeros están completamente equivocados y que ella tiene toda la razón.

**Generalizar:** Cree que su equipo siempre mete la pata y nunca cumple los plazos.

**Etiquetar:** Llama a sus compañeros con motes terribles.

**Minimizar lo positivo:** No piensa en las veces que sus compañeros hacen las cosas bien.

**Ahora enumera las distorsiones del pensamiento negativo que utilizas más a menudo.**

_____

_____

_____

_____

_____


A través de su participación en el grupo de control de la ira de mujeres, Haniya ha trabajado para desafiar su pensamiento negativo. Por ejemplo:

**Echar la culpa:** Intenta pensar: «Soy la líder de este equipo. No puedo culpar de todo a los demás miembros del equipo».

**Etiquetar:** Se da cuenta de que no sirve de nada insultar a la gente, y que hacerlo le traerá más problemas.

**Minimizar lo positivo:** Toma nota de cuando su equipo hace bien una tarea y lo comparte con el equipo.

**Ahora enumera pensamientos que te ayudarán a desafiar tus distorsiones de pensamiento negativas:**

_____

_____

_____

_____

_____

## Emociones que suelen acompañar a la ira

Tras pasar un año en un centro de reinserción social, someterse a pruebas aleatorias de drogas, asistir a numerosas reuniones de 12 pasos, presentarse a varias audiencias y recibir las visitas supervisadas de sus hijos, Emily estaba convencida de que por fin había demostrado su sobriedad y estabilidad. Se imaginaba que pronto podría tener visitas no supervisadas de todo el fin de semana con sus dos hijos. Sin embargo, su exmarido consiguió convencer al tribunal de lo contrario. Un juez dictaminó que Emily aún estaría al menos un año más manteniendo visitas supervisadas con sus hijos en una agencia de servicios familiares. Estaba destrozada. Emily consideraba que se había esforzado muchísimo para lograr desintoxicarse y que había conseguido conectar de nuevo con sus hijos. Cuando acudió a casa de su exmarido y golpeó con fuerza la puerta exigiendo ver a sus hijos, sintió rabia, pero también tristeza y desesperación. Se sentía minusvalorada, ignorada y rechazada.

Bajo la enérgica emoción de la ira, a menudo se esconden otros sentimientos sutiles. A continuación, puedes ver un listado de emociones que suelen acompañar a la ira. ¿Puedes identificar qué sentimientos acompañan más a menudo a tu ira? Marca aquellos que sean relevantes para ti.

- ☐ Triste
- ☐ Desesperada
- ☐ Impotente
- ☐ Avergonzada
- ☐ Frustrada
- ☐ Desesperada
- ☐ Ansiosa
- ☐ Asustada
- ☐ Sola
- ☐ Estresada

- ☐ Deprimida
- ☐ Ignorada*
- ☐ Insignificante
- ☐ Acusada*
- ☐ Culpable*
- ☐ Devaluada*
- ☐ De poco fiar*
- ☐ Rechazada*
- ☐ Desagradable*

*Los términos marcados con un asterisco provienen del libro* Treating Attachment Abuse *(1995), de Steven Stosny.*

Piensa en tu incidente de ira más reciente. Utilizando las opciones mencionadas arriba como guía, intenta recordar qué otros sentimientos, además de la ira, sentiste. Si experimentaste algún sentimiento que no aparece en la lista, no dudes en escribirlo a continuación.

_____

_____

_____

_____

_____

# Estilos de expresión de la ira

La mayoría de nosotros tenemos una forma predeterminada de expresar la ira que nos resulta natural. Las formas en que expresamos la ira están determinadas por normas y expectativas sociales y culturales. Son patrones que aprendimos mientras crecíamos en el seno de nuestras familias de origen. Tu propia fisiología en lo que respecta a tu sensibilidad a la incitación de la ira también forma parte de la ecuación. Con el tiempo, tu forma de expresar la ira se ve reforzada por los resultados de tus interacciones con quienes te rodean y con el mundo. Por ejemplo, si evitas los conflictos y continuamente estás reprimiendo tu ira, es muy probable que nunca consigas aquello que quieres porque los demás no saben que estás enfadada ni qué quieres de ellos.

Existen diversos términos y métodos asociados a cómo las personas expresan su ira. *La ira hacia dentro*, *la ira hacia fuera* y *el control de la ira* son métodos de expresión de la ira que se asocian con un aumento a largo plazo de las enfermedades cardiovasculares. *Dialogar sobre la ira*, mencionado en el capítulo 1, es el único método de expresión de la ira que se ha correlacionado con mejores resultados de salud a largo plazo.

## Ira hacia dentro

En este tipo concreto de expresión, la ira se niega, se ignora o se sofoca, y bulle dolorosamente en tu interior. Los demás pueden no darse cuenta de que estás enfadada y las consecuencias a largo plazo pueden incluir problemas cardiovasculares.

## Expresión indirecta de la ira

En este caso, la ira se expresa a través de ataques pasivos, como hablar de las personas a sus espaldas. Esto no consigue cambiar nada de la situación.

## Síntomas de ira o «somatización» de la ira

Es posible que experimentes la ira a través del sufrimiento físico, como dolores de cabeza o de estómago. Puede que los demás no se den cuenta de que estás enfadada, por lo que no cambia la situación. Esto puede acabar provocando problemas físicos continuos.

## Ira hacia fuera

En este caso, la ira se expresa, física o verbalmente, hacia fuera, dirigida a los demás. Puedes tender a culpar a los demás de tu enfado. Puede que las personas más cercanas empiecen a evitarte o que tengan miedo de estar cerca de ti. A largo plazo, puedes sufrir problemas cardiovasculares.

## Control de la ira

Aunque eres consciente de que la ira bulle en tu interior, gastas muchas energías controlándote para evitar explotar o expresar tu ira hacia el exterior. Es posible que los demás no se den cuenta de que estás enfadada. Esto puede provocar problemas cardiovasculares a largo plazo, y no cambia la situación.

## Diálogo sobre la ira

Al aplicar el método del diálogo sobre la ira, se habla de la ira con una persona que está dispuesta a escuchar. Es la mejor manera de expresión tanto para las relaciones como para la salud.

**Cuando recuerdas tus ataques de ira más significativos, ya sea de un pasado muy reciente o de hace mucho tiempo, ¿qué puedes observar en ellos? ¿Cuál dirías que es tu estilo de expresión de la ira?**

_____

_____

_____

_____

**¿Ha cambiado de manera significativa con el paso del tiempo tu forma de expresar la ira? Describe en qué ha cambiado y por qué crees que ha cambiado. ¿Te ha beneficiado de alguna manera tu forma de expresar la ira? En caso afirmativo, ¿cómo? En caso negativo, indícalo también.**

_____

_____

_____

_____

## Respuestas a la ira aprendidas del entorno y la familia de origen

Como se ha mencionado en el capítulo 1, las respuestas de ira se aprenden en el entorno social en el que la persona se ha criado. Los investigadores han descubierto que, a partir del primer año de edad, las personas desarrollan un estilo preferido de expresión de ira. Este estilo se aprende observando cómo interactúan las personas que son importantes en tu vida cuando se enfadan entre sí, incluido contigo. Examinar el impacto de lo que aprendiste sobre la ira mientras crecías puede llegar a ser un proceso muy revelador.

## Bobbi: ira hacia fuera

Bobbi, una madre soltera que cría a una niña de seis años, se siente muy orgullosa de cómo cuida a su hija. Pero también se siente bloqueada. Bobbi tiende a volver a los patrones de expresión de la ira que vio en su familia cuando era pequeña.

«Éramos cuatro hermanos y en casa se respiraba estrés por todos lados. Mis padres siempre estaban preocupados por el dinero. Mi madre o bien estaba en el trabajo o bien en casa preparando frenéticamente la comida o limpiando; todo el mundo estaba gritando y tirando cosas. Nadie hablaba de nada en un tono de voz normal. Ahora, no tengo problemas de ira en mi trabajo: ¡soy como un ángel! Pero en casa es donde aflora todo el estrés: por el dinero, por el comportamiento de mi hija, por cualquier cosa», confiesa.

## Beatrice: ira hacia dentro y somatización de la ira

En la familia de Beatrice, nadie expresaba sus sentimientos. Si expresabas un sentimiento negativo, como ira, tristeza o preocupación, te ignoraban, pasaban de ti.

«Mis padres y mis hermanos simplemente no respondían. Huían o evitaban la conversación. Mis padres bebían bastante –martinis cada noche con la cena– y creo que así gestionaban sus sentimientos».

Ahora Beatrice siente que ella y su mujer mantienen una dinámica similar en su relación.

«Es como si hubiera una regla de "no se permiten sentimientos" para mí. Pero mi mujer siente que puede dictarme cómo vamos a hacer las cosas y se supone que yo sólo tengo que seguirle la corriente», explica. «Es brillante y organizada, y, en el fondo, creo que es la que sabe más, pero a veces no estoy de acuerdo. No me molesto en decir nada e intento fingir que no estoy enfadada. Pero últimamente cada vez tengo más dolores de cabeza y de espalda».

¿Cuál era el estilo predominante de expresión de la ira en el seno de tu familia? ¿Se situaba en el extremo «caliente» del espectro, más bien hacia el extremo «frío» del espectro, o bien ocupaba algún punto intermedio? Dedica unos minutos a escribir lo que crees que aprendiste durante tu infancia sobre cómo expresar la ira. ¿Crees que en tu vida adulta has adoptado ese estilo de expresión de la ira?

## Factores desencadenantes de la ira

Los investigadores han descubierto que los factores desencadenantes de la ira en las mujeres suelen ser de tipo relacional: la pareja, los hijos, los familiares, los amigos y los compañeros de trabajo cercanos. La crianza de los hijos, las presiones laborales, la falta de tiempo, las dificultades económicas y el estarse de hacer cosas pueden crear una tormenta perfecta de factores de estrés que pueden provocar irritabilidad e ira.

Dedica unos instantes a analizar tus episodios de ira más recientes. ¿Fue un acontecimiento, una persona o un lugar lo que desencadenó tu reacción?

# Objetivos

Los investigadores han descubierto que, al igual que ocurre con los factores desencadenantes, las mujeres tienden a convertir en blanco de su ira a las personas más cercanas a ellas, estén o no involucradas. Esto es especialmente cierto en el trabajo y en las relaciones no igualitarias entre hombres y mujeres, en las que la diferencia de poder hace poco aconsejable o imposible expresar la ira directamente a la persona que la ha desencadenado. En esos casos, las mujeres dirigen su ira a otras personas o a sus bienes. Esto incluye romper cosas o arrojar objetos a los destinatarios de su ira.

**Tómate unos instantes para examinar tus episodios significativos de ira más recientes. ¿Puedes recordar quién o qué desencadenó un incidente, y quién o qué se convirtió en el blanco de tu ira?**

# Autoevaluación del capítulo 2

Llegados a este punto, ya has examinado los fundamentos fisiológicos, cognitivos y emocionales de tu ira. También has explorado tu estilo personal de expresar la ira y cómo puedes haber aprendido ese estilo por culpa de tu educación. Probablemente ya hayas descubierto muchas cosas sobre tu ira. Pero a medida que te acerques al final del capítulo 2, busca patrones en el inicio y la expresión de tu ira, y en qué podrías empezar a hacer cambios. Escribe tus respuestas más abajo.

**Cuando examinas tus episodios significativos de ira más recientes, ¿detectas algún factor desencadenante? ¿Hay momentos específicos del día en los que es más probable que aflore la ira? ¿Encuentras alguna correlación con tener hambre, estar cansada o necesitar más tiempo? ¿Puedes identificar algún estado emocional o alguna situación específica? ¿Quiénes son las personas más propensas a desencadenar tu ira y en qué situaciones?**

Momento del día _____

Día de la semana _____

☐ Hambrienta

☐ Cansada

☐ Presionada por el tiempo

☐ Preocupada por el dinero

Quién estaba involucrado _____

Qué situaciones estaban involucradas _____

Qué o quiénes eran tus desencadenantes específicos _____

_____

Qué o quiénes eran tus objetivos específicos _____

_____

Ahora tomaremos todos los datos que has recopilado sobre tu ira y los aplicaremos.

# 3

# Cómo actuar de otra manera ante la ira

A estas alturas, deberías estar más familiarizada con tus respuestas fisiológicas a los desencadenantes de la ira. Esto incluye las distorsiones de pensamiento que alimentan tu ira y las emociones que la acompañan. Deberías ser consciente de tu estilo de expresar la ira, de cómo lo aprendiste en tu familia de origen y de cuáles son los desencadenantes y los objetivos de tu ira. También has descubierto los factores precipitantes que parecen hacer que tu mente y tu cuerpo tiendan a reaccionar con ira. Ha llegado el momento de utilizar esta información y experimentar con un enfoque diferente de cómo expresas tu ira.

## Apagar el fuego: Cómo gestionar las respuestas fisiológicas a la ira

¿Recuerdas a Margaret, del capítulo 1? Se sorprendió al identificar las muchas señales que su cuerpo le daba antes de los incidentes en los que acababa arrojando cosas por toda la casa o gritándole a su pareja, Jane. Tomar conciencia de los signos físicos de la aparición de la ira en su cuerpo abrió una nueva puerta a Margaret, lo que le dio la esperanza de poder controlar y gestionar los síntomas de su ira antes de que se convirtieran en acciones negativas.

# *Mindfulness*

Una de las formas en que puedes empezar a controlar las reacciones de tu cuerpo ante la aparición de la ira es simplemente prestar atención a tu respiración y a tu cuerpo.

A la que las mujeres llevan pocas semanas en mi grupo de gestión de la ira para mujeres, empezamos la sesión con un sencillo ejercicio de *mindfulness* que dura unos cinco minutos. Estos ejercicios nos ayudan a conectar con nuestra respiración. Permiten que conectemos con nuestras sensaciones, nuestros pensamientos y nuestros estados emocionales, y nos demos cuenta de lo que sucede a nuestro alrededor. Puede que ya conozcas el concepto de *mindfulness* o que practiques la meditación con cierta regularidad. Si es así, no dejes de practicar. O puede que seas como Margaret, que explicó al grupo que «nunca había respirado conscientemente» en su vida antes de probar el *mindfulness*.

No hay una forma correcta o incorrecta de practicar *mindfulness*; sólo hay práctica. Puedes practicar el *mindfulness* en cualquier sitio. Puedes estar sentada, de pie, tumbada o caminando; lo único que importa es que estés cómoda cuando empieces. Si quieres, puedes cerrar los ojos (ten cuidado si estás caminando). Si te resulta incómodo cerrar los ojos, elige un punto del suelo en el que concentrarte mientras practicas.

El siguiente es un ejercicio de *mindfulness* muy sencillo que puedes probar ahora mismo. Si no estás acostumbrada a prestar atención a tu respiración, limítate a observar los pensamientos o los sentimientos que aparecen y desaparecen dentro de ti. Realiza esta práctica de *mindfulness* durante uno o dos minutos.

> «Si tu casa se está incendiando, lo más urgente es volver a ella e intentar apagar el fuego, y no echar a correr detrás del que crees que la ha incendiado [...]. O sea, que cuando estás enojada, si sigues relacionándote o discutiendo con la otra persona, si intentas castigarla, estás actuando exactamente como alguien que se pone a perseguir a un pirómano mientras su propia casa está ardiendo».[1]
> —THICH NHAT HANH

**Concéntrate en tu respiración.** Sigue cada respiración como entra por las fosas nasales, continúa por la tráquea y entra y expande los pulmones. Sigue la respiración cuando sale del cuerpo por las fosas nasales o la boca. Intenta respirar de manera uniforme y natural.

**Fíjate en cualquier pensamiento que te venga a la mente.** No juzgues tus pensamientos ni intentes hacer nada con ellos, simplemente déjalos pasar, como si fueran nubes que se mueven por el cielo.

**Fíjate en cualquier sentimiento que experimentes.** Una vez más, sientas lo que sientas, no lo juzgues ni intentes cambiarlo. Limítate a observar el sentimiento, deja que surja y sigue adelante.

**Toma conciencia de las sensaciones de tu cuerpo.** Puedes empezar por la cabeza, por los pies o por cualquier otra parte de tu cuerpo. Observa lo que ocurre en tu cuerpo. ¿Sientes dolor o tensión? ¿Tienes entumecimiento u hormigueo? ¿Tienes frío? ¿Calor? ¿Te sientes cómoda?

---

1. *La ira: el dominio del fuego interior.* Espasa, Madrid, 2004. p. 34.

**Ahora deja que tu conciencia se centre fuera de tu cuerpo**. ¿Qué sonidos oyes? ¿Cuál es el sonido exterior más lejano que puedes oír? ¿Qué sonidos oyes en la habitación? ¿Qué sonidos percibes dentro de tu cuerpo? ¿Puedes oír tu respiración cuando entra y sale de tu cuerpo, o los latidos de tu corazón?

**Termina el ejercicio volviendo a centrarte en la respiración**. Sigue la inhalación desde el principio hasta el final mientras exhalas. Después de varias respiraciones cómodas y naturales, vuelve a centrarte en la habitación.

Una vez terminado este ejercicio, dedica unos minutos a escribir unas pocas palabras sobre lo que has notado durante esta experiencia. ¿En qué momentos de la semana es más probable que practiques *mindfulness*?

# Cuando sientas que tu ira está descontrolada

Como recordarás del capítulo 1, resulta difícil pensar con claridad, utilizando el buen juicio, si tu sistema nervioso simpático está abrumado por una emoción, como la ira. Si sientes que la intensidad de tu ira no te permite elegir tus respuestas ante una situación, en lugar de reaccionar sin pensar, debes dar un paso atrás y calmar primero las reacciones fisiológicas de tu cuerpo. Sólo entonces podrás responder a tu ira de una forma diferente y más productiva. Ser capaz de escuchar a tu cuerpo y respetar lo que te está diciendo es un gran logro para cualquier mujer que está aprendiendo a controlar su ira de una manera más eficaz.

## Tiempo fuera

*Emily estaba sentada en su casa al día siguiente de su comparecencia ante el tribunal, furiosa y desesperada. Su exmarido había conseguido una orden de alejamiento de un año que le impedía ponerse en contacto con él o con sus hijos. Ahora, Emily sentía que no tenía nada que perder, así que cogió las llaves del vehículo y se dirigió de nuevo a la casa familiar. Sintiendo que la rabia la invadía por dentro, Emily se propuso enfrentarse a su ex y convencerle por fin de lo equivocado que estaba haciéndole esto.*

Cuando sientas que tu ira está descontrolada, tomar un tiempo fuera es una técnica crucial para ayudar a calmar tus emociones. Esto no significa que te estés rindiendo o que estés cediendo; seguirás teniendo la oportunidad de decir lo que piensas. Un tiempo fuera es un momento, y algo de espacio, para tranquilizarte y ordenar tus pensamientos. Te da la oportunidad de ofrecer una respuesta razonada a una situación que te provoca ira.

Si Emily se hubiera tomado unos minutos para tranquilizarse antes de subirse al vehículo y partir a toda velocidad para ver a sus hijos, habría tenido tiempo de reconsiderar sus actos. Tal vez se habría dado cuenta de que sus acciones violarían la orden de alejamiento y habría meditado sobre las graves consecuencias que esa violación tendría para la relación con sus hijos.

Para utilizar correctamente la técnica del tiempo fuera, explica a la persona con la que te has enfadado que vas a tomarte un tiempo fuera y que volverás cuando te hayas tranquilizado. Si te encuentras en medio de una discusión con un compañero de trabajo, tu jefe, tu pareja o tu hijo, por ejemplo, recurre a una explicación sencilla pero clara.

«Nos estamos poniendo demasiado nerviosos, así que voy a tomarme unos minutos para tranquilizarme. Volvamos a tratar este tema cuando ambos estemos menos enfadados». Este tipo de lenguaje es lo suficientemente asertivo como para dejar claro tu punto de vista, pero da en el tono adecuado para no agravar más la situación.

Busca un lugar seguro y tómate al menos treinta minutos para tranquilizarte. Después de haber experimentado un intenso ataque de ira, nuestro sistema nervioso parasimpático tarda este tiempo en tranquilizarte.

## Habilidades TIPP

TIPP son las siglas en inglés de «temperatura» (*temperature*), «ejercicio intenso» (*intense exercise*), «respiración acompasada» (*paced breathing*) y «relajación muscular emparejada» (*paired muscle relaxation*). El método procede del enfoque de la terapia dialéctica conductual (TDC), ideado por la Dra. Marsha Linehan para ayudar a las personas a gestionar emociones difíciles y comportamientos nocivos.

En un principio, la TDC se diseñó para ayudar a las personas que se enfrentan al diagnóstico psiquiátrico del trastorno límite de la personalidad, un trastorno que hace que una persona sufra emociones abrumadoramente intensas y fluctuantes, como ira, depresión y ansiedad, comportamiento autolesivo y relaciones disfuncionales. En la actualidad, las técnicas de la TDC se utilizan para tratar muchos otros trastornos de salud mental que implican emociones intensas y comportamientos disfuncionales. Las habilidades TIPP son útiles para aprender a comprender y trabajar con la ira. En concreto, pueden ayudarte a que no actúes ante sentimientos de ira descontrolados. Estas herramientas necesarias, que en el marco de la TDC entran dentro de la categoría de técnicas de supervivencia en crisis, recurren a opciones físicas para hacer frente a emociones fuertes.

Como ya has visto en el capítulo 1, la intensidad de la respuesta fisiológica de tu cerebro a la ira determina si podrás utilizar el pensamiento y el juicio para elegir una respuesta a la ira, en lugar de reaccionar por pura emoción. Estas técnicas de supervivencia en situaciones de crisis son una serie de elecciones físicas a las que puedes recurrir para ayudar al cuerpo a ralentizar su respuesta de lucha o huida. Ayudan al cuerpo a reducir la intensidad de sus reacciones físicas ante una situación que provoca ira cambiando la temperatura corporal, controlando la respiración (y reduciendo con ello la frecuencia cardíaca) o haciendo ejercicio intenso para ayudar a disipar la energía acumulada por la respuesta ante la ira.

**Bajar la temperatura.** Hace referencia a utilizar algo frío para tranquilizarse casi de inmediato. Cuando empiecen a aflorar los sentimientos provocados por una ira intensa, puedes probar a salpicarte o sumergir la cara en agua fría o ponerte una bolsa de hielo en los ojos durante al menos treinta segundos. El agua fría por debajo de 21 °C en la cara desencadena el reflejo de inmersión del cuerpo, una respuesta automática que tienen los mamíferos y algunas aves que ralentiza la frecuencia cardíaca y la respiración, lo que permite al cuerpo conservar energía y oxígeno.

**Ejercicio intenso.** Proporciona una salida física a la energía que la ira acumula en el cuerpo. Gracias al ejercicio intenso, aunque sea durante un corto período de tiempo, el cuerpo puede descargar la energía acumulada. Esta práctica libera endorfinas, una hormona que alivia el dolor. Correr, caminar deprisa o hacer saltos o abdominales puede ayudar a aliviar la agitación de la ira.

**Respiración acompasada**. La respiración profunda y controlada tiene lugar cuando la espiración (o exhalación) suele ser más larga que la inspiración (o inhalación) y va seguida de un breve período de contención de la respiración. Algunas personas practican la respiración acompasada contando. Por ejemplo, la técnica 4-4-8 consiste en inspirar durante cuatro cuentas, aguantar la respiración durante cuatro cuentas y espirar durante ocho cuentas. Puedes utilizar los intervalos que te resulten más cómodos, pero ten en cuenta que la espiración debe ser el doble de larga que la inspiración y la cuenta de aguantar la respiración. La respiración acompasada ralentiza la respiración y la frecuencia cardíaca, lo que produce relajación.

**Relajación muscular emparejada.** Combinada con la respiración acompasada, consiste en tensar y relajar varios grupos musculares para estimular aún más el sistema nervioso parasimpático. Mientras inspiras, tensa lenta y profundamente cada músculo o grupo muscular del cuerpo. Cuando espires con una exhalación larga y lenta, libera la tensión de los músculos. Fíjate en cómo sientes tu cuerpo antes, durante y después de tensar y destensar los músculos.

## Gestionar los pensamientos de ira

A continuación, utilizaremos ideas de la terapia afectiva cognitivo-conductual (TACC) ideada por el doctor Ephrem Fernández, de la Universidad de Texas, en San Antonio. Este método es especialmente útil para trabajar la gestión, la reducción y el replanteamiento de los pensamientos distorsionados de ira. El modelo de tratamiento de la ira del Dr. Fernández utiliza un enfoque en tres etapas: la etapa de prevención, que incorpora estrategias conductuales; la etapa de intervención, que utiliza estrategias cognitivas (que veremos con más detalle a continuación), y la etapa de postvención, que implica técnicas centradas en la emoción o el afecto para examinar las otras emociones que aparecen junto a la ira o que subyacen a ella.

## Interrupción de pensamientos

*Después de una larga jornada en el ajetreado bufete de abogados en el que trabaja, a Bobbi le asaltaban pensamientos recurrentes de enfado. «¿Por qué siempre tengo que apañármelas sola? ¡Si hubiera sabido que mi ex iba a dejarme, nunca habría tenido un hijo con él!». Mientras conducía de vuelta a casa en medio del tráfico de Boston, en la mente de Bobbi se repetían pensamientos similares. Cuando recogió a su hija de la extraescolar, estaba bullendo de resentimiento y apenas podía concentrarse en otra cosa que no fuera su ira.*

El enfoque TACC te ayuda a detener el ciclo negativo y repetitivo de pensamientos de ira inútiles y los sustituye por frases o pensamientos tranquilizadores. Utilizar esta técnica puede ayudarte a reducir la aparición de la ira. Repitiendo una palabra o una frase que denote lo contrario de la ira –por ejemplo, «Paz», «Amor», «Déjalo estar», «Tranquilízate» o «Esto también pasará»–, podemos intentar detener el ciclo negativo de pensamientos.

**Dedica unos minutos a pensar qué palabras o frases te pueden tranquilizar cuando empiezas a tener pensamientos de enfado que no te ayudan. Escríbelas a continuación y pruébalas.**

## Reevaluación

Si la detención del pensamiento no es eficaz para interrumpir el ciclo negativo, puedes pasar a otro método conocido como reevaluación. Tu valoración sobre si la persona que te ha provocado ira lo ha hecho intencionadamente desempeña un factor crucial en el grado en que te enfadas. Si eres capaz de dar un paso atrás y reconsiderar racionalmente tu idea automática de que lo que ha sucedido ha sido intencionado, es más probable que tu respuesta de ira sea más limitada. Además, si eres capaz de revisar el daño que has sentido por la transgresión de otra persona, a menudo te darás cuenta de que en realidad no es tan importante como en un principio pensabas.

## Distracción

Si los pensamientos de enfado persisten de forma dolorosa después de intentar detenerlos o reevaluarlos, puedes probar técnicas de distracción, tanto pasivas como activas. Puedes optar por ver una película, escuchar música o echarte una siesta. En otras ocasiones, dar un paseo, salir a correr o tomar un café con un amigo o una amiga pueden resultarte más útiles a la hora de distraer e interrumpir tus pensamientos de ira.

**A continuación, anota qué técnicas te han resultado útiles en el pasado o cuáles te gustaría probar para distraerte de los pensamientos de enfado:**

_____

_____

_____

_____

## Expresión de los sentimientos de ira a través de la palabra, la escritura, las artes visuales y la música

*Beatrice acudió a una sesión individual para profundizar en sus sentimientos de ira. Gracias a los ejercicios de mindfulness, la exploración de los orígenes de su estilo de ira hacia dentro y el examen de sus patrones de comunicación con su mujer, había relacionado sus dolores de cabeza y sus problemas digestivos con la ira enterrada. Trajo un cuadro que había pintado: una puerta cerrada en una habitación oscura. Le pregunté qué había detrás de la puerta y me explicó que ella. Estaba detrás de la puerta, sin que nadie la viera ni la oyera, y nadie sabía que se encontraba allí. Estaba furiosa porque no podía abrir la puerta y se había quedado allí, sola, con su furia.*

**Otras formas productivas de expresar y explorar la ira pueden ser la escritura, el arte visual (como hizo Beatrice) o la música. ¿Cuáles son algunas de las formas creativas que puedes encontrar útiles para explorar tu ira?**

_____

_____

_____

_____

En un entorno emocional y físicamente seguro, y con un oyente que esté interesado, puedes empezar a explorar tus sentimientos de ira, de dónde vienen, cómo te afectan y qué te gustaría hacer con ellos y con las relaciones en las que surgen. Un amigo, un terapeuta o un sacerdote pueden ser personas que te escuchen. Hablar de los sentimientos de ira puede suponer un gran paso para ayudar a liberarlos.

**Piensa en una o varias personas seguras con las que puedas hablar de tu ira de forma productiva. Haz una lista de estas posibles personas:**

_____    _____

_____

_____    _____

_____

## Cuando las llamas se apagan, pero las brasas siguen ardiendo

La ira que arde a fuego lento puede seguir viva en nuestro interior mucho después de que haya pasado el suceso que la provocó. Esto puede ser especialmente cierto si has sido víctima de algún tipo de abuso o de maltrato que te ha sumido en un estado permanente de indefensión. Este tipo de ira se conoce como «resentimiento», y puede hacer que los pensamientos de ira se enconen, a veces durante muchos años. A veces, estos pensamientos pueden consistir en buscar venganza o desear cosas horribles a las personas que te han hecho daño. Incluso aunque se hayan disculpado o hayas recibido una compensación, el resentimiento puede seguir vivo. Por supuesto, lo que una persona que ha sufrido un agravio grave decida hacer con su ira es algo profundamente personal, pero evaluar los pros y los contras de tener resentimientos puede ir bien para avanzar en el proceso de sanación.

### Resentimientos

Los resentimientos son experiencias que nos hacen sentir que hemos sufrido una injusticia y nos hacen sentir crónicamente enfadadas con respecto a esta experiencia. Como en el caso de Beatrice, descrito antes, puedes sentirte víctima y decepcionada en estas situaciones. Puede que tengas poca o ninguna comunicación con la persona o las personas objeto de tu resentimiento. Puede que quieras vengarte o que la persona que te ha infligido esta injusticia sufra algún daño. El resentimiento tiene un aspecto de protección emocional, ya que puede evitar que sintamos emociones más vulnerables, como la tristeza, el abandono, la pena o la pérdida. Cuando nos planteamos dejar ir el resentimiento, nos enfrentamos a la perspectiva de experimentar estos sentimientos dolorosos. A menudo, como en el caso de los supervivientes de traumas, nos han hecho daño de verdad y nuestros resentimientos son válidos.

Sin embargo, el resentimiento puede ocupar mucho espacio en la mente. En diversas tradiciones filosóficas y religiosas, se explican maneras de dejar ir los resentimientos. Algunas personas encuentran alivio rezando por quienes les han ofendido. Algunas tradiciones de meditación enseñan a sentir compasión por quienes nos han ofendido. En psicoterapia, algunas personas escriben cartas a la persona que les ha ofendido, detallando el mal que les han hecho y su impacto. En esas cartas decimos todo lo que nos gustaría decir. A veces las cartas se envían y a veces no. A veces, basta con escribir la carta. Otras veces, tal vez queramos leérsela a un terapeuta, a un amigo o a un familiar de confianza, o a un sacerdote. Algunas personas idean rituales de «dejar ir», como escribir el resentimiento en un papel y quemarlo en el fregadero o meterlo en el fondo del congelador, donde puede «congelarse». Si decides liberar un resentimiento y cómo pretendes hacerlo, depende de ti. El único requisito es que lo hagas a tu tiempo, a tu ritmo y a tu manera.

> «Aquellos que están libres de resentimientos, seguro que encuentran la paz».
> —BUDA

# Liberarse del resentimiento

Tómate unos minutos para pensar en un resentimiento que puedas estar albergando. Responde a las siguientes preguntas para profundizar en ese resentimiento.

**Persona, personas o situación que ha provocado el resentimiento:**

**¿Cómo te ha hecho daño en concreto?**

**¿Qué sentimientos acompañan a la ira de este resentimiento?**

**¿Cuáles son los pros de liberar este resentimiento?**

**¿Cuáles son los contras de liberar este resentimiento?**

## Perdón

Durante una semana en cada sesión, el grupo de gestión de la ira en mujeres que dirijo debate sobre el perdón. Hablamos de si perdonar es necesario para sanar y de cómo puede liberarnos del sufrimiento o predisponernos a volver a ser víctimas.

«Nunca perdonaré a mi exmarido por alejarme de mis hijos», explica Emily al grupo. «No quiero hacerlo y no le veo sentido. No soy religiosa y no veo que gane nada con ello». Otras mujeres del grupo validan su experiencia, pero expresan puntos de vista diferentes. «Es terrible vivir con la culpa de cómo he tratado a Jane en el pasado. Ojalá pudiera perdonarme a mí misma un poco, aunque sólo fuera para estar menos preocupada cuando ahora estoy con ella», comenta Margaret.

El perdón implica dejar ir voluntariamente los sentimientos negativos hacia alguien que te ha hecho sufrir de alguna manera. Algunas personas señalan que perdonar no significa olvidar lo sucedido ni excusar un comportamiento terrible. En última instancia, decidir si perdonar o no y cuándo y cómo hacerlo es una elección personal que sólo puede tomar la persona que ha sufrido el daño.

**¿Qué opinas sobre el perdón? ¿Crees que es necesario para sanar y superar la ira? ¿Crees que la experiencia de la ira puede reducirse sin perdonar? ¿Te estás enfrentando a esta cuestión en relación con la sanación de tu ira?**

# Autoevaluación del capítulo 3

En este capítulo has aprendido a actuar de forma diferente ante tu ira. Has leído sobre técnicas de *mindfulness* para estar más presente en el aquí y ahora, y sobre cómo prestar atención a lo que te está diciendo el cuerpo. También has descubierto técnicas de crisis para cuando tu ira está descontrolada, como el uso de tiempos fuera y habilidades TIPP. Hemos explorado las técnicas de la TACC para gestionar los pensamientos de enfado y procesar los sentimientos de enfado hablando, escribiendo y haciendo arte. Por último, hemos analizado los resentimientos que podrías estar guardando y hemos considerado las ventajas del perdón como una opción para ayudar a dejar ir la ira. Dedica unos minutos a escribir qué información de este capítulo te ha resultado más útil y qué técnicas piensas probar para progresar.

# 4

# Comunicación restaurativa. Primera parte

## Sentar las bases de una conversación asertiva

*Beatrice estaba sentada delante de su mujer, Sarah, en una mesa junto a una ventana del restaurante donde habían tenido su primera cita. Era su décimo aniversario de boda. La luz titilante de las velas y el pequeño centro de mesa —un jarrón de rosas rosas— hacían que todo pareciera más romántico. Pero Beatrice no se fijó en ninguno de estos detalles; estaba bullendo de ira y resentimiento. Miró a Sarah y pensó en lo engreída y satisfecha que parecía. De vez en cuando, Sarah esbozaba una ligera sonrisa dirigida a Beatrice mientras seguía respondiendo los mensajes de sus socios que entraban en su teléfono. Estaban trabajando en un acuerdo que las haría «tan ricas como Trump». Pero a Beatrice no podía importarle menos. Estaba harta de «la gran carrera» de Sarah y de su egocentrismo. «¡Si me levantara ahora mismo y me fuera, estoy segura de que ni se daría cuenta!», pensó enfadada. No se sentía escuchada, ni vista, ni querida.*

Cuando buscas conexión, comprensión, aceptación y un cambio de comportamiento por parte de los demás, a veces puedes acabar herida y frustrada. Las discusiones improductivas alimentadas por la ira suelen ser el resultado de esfuerzos fallidos por comunicar tus deseos, tus necesidades y tus preferencias. Acabas sintiéndote reacia a expresar tu punto de vista, y tu ira simplemente queda sin ser expresada. Al final acaba aflorando, pero de forma indirecta, normalmente en momentos y con personas equivocadas. Por otro lado, negar la ira o intentar controlar cualquier expresión externa activa de la misma crea falta de autenticidad y distancia en las relaciones. También te impide decir tu verdad. La comunicación restaurativa es la mejor manera de reparar aquellas relaciones en el trabajo, en casa y en la comunidad que se han visto dañadas por una expresión inapropiada de la ira o por evitar expresarla.

Reparar o restablecer la comunicación no consiste en lograr la aquiescencia pacífica de todas las partes. Implica la expresión honesta, directa, clara y respetuosa de tus deseos, tus necesidades y tus peticiones. También requiere la capacidad de escuchar sin actitud defensiva los deseos, las necesidades y las peticiones de las personas importantes en tu vida. Este camino requiere valor y perseverancia. Si se hace de manera adecuada, los resultados son relaciones más felices, más cercanas y que funcionan mejor.

Afortunadamente, hay muchos profesores excelentes en comunicación relacional, dos de los cuales se mencionan en este libro.

Marshall Rosenberg fue un psicólogo clínico que desarrolló el método no violento para comunicarse compasivamente con los demás y resolver los problemas de forma pacífica.

John Gottman es un psicólogo clínico que, junto con su esposa, Julie Gottman, fundó el Instituto Gottman, que se encarga de investigar y formar sobre las relaciones matrimoniales y familiares. Sus técnicas contrastadas ofrecen habilidades concretas para guiarnos en la reparación y el restablecimiento de la comunicación en nuestras relaciones.

## Evalúa tu estilo de conflicto

Para tener una mejor idea de tu estilo de conflicto, responde el breve cuestionario que se muestra a continuación. Gracias a él podrás comprobar si tu estilo de conflicto es competitivo, colaborador, transigente, evitativo o acomodaticio.

# CUESTIONARIO SOBRE EL ESTILO DE CONFLICTO

Para cada una de las afirmaciones que aparecen a continuación, marca «V» (verdadero) o «F» (falso) en función de lo cerca que esté de tu comportamiento real. Cuando respondas a las preguntas, piensa en la persona o en la situación con la que entres en conflicto más a menudo.

1. A menudo prefiero dejar que otros asuman la responsabilidad de resolver un problema.

☐ V ☐ F

2. Prefiero dejar que la otra persona gane la discusión a tener tensiones continuas con ella.

☐ V ☐ F

3. En una discusión debo tener la última palabra.

☐ V ☐ F

4. Prefiero dedicar tiempo a centrarme en las cosas en las que estamos de acuerdo en lugar de negociar las cosas en las que no lo estamos.

☐ V ☐ F

5. Creo que el compromiso es el mejor camino a seguir en cualquier conflicto.

☐ V ☐ F

6. Es importante tratar las preocupaciones de todos los implicados en el conflicto.

☐ V ☐ F

7. Antes que nada, es necesario perseguir mis propios objetivos en un conflicto.

☐ V ☐ F

8. Preservar la relación es más importante que cualquier conflicto.

☐ V ☐ F

**9.** Si parece más fácil, renunciaré a mis propias preferencias en favor de las de la otra persona.

☐ V   ☐ F

**10.** Aunque esté en contra de alguien, siempre le pido ayuda para resolver el problema.

☐ V   ☐ F

**11.** No me gusta la tensión y la evito siempre que sea posible.

☐ V   ☐ F

**12.** Me gusta ganar las discusiones.

☐ V   ☐ F

**13.** Pospongo los conflictos tanto como sea posible.

☐ V   ☐ F

**14.** Dejo a un lado algunos puntos en una discusión para ganar otros.

☐ V   ☐ F

**15.** En una discusión, intento asegurarme de poner sobre la mesa todas las cuestiones y preocupaciones.

☐ V   ☐ F

**16.** No siempre merece la pena discutir las diferencias.

☐ V   ☐ F

**17.** Me esfuerzo mucho para salirme con la mía en una discusión.

☐ V   ☐ F

**18.** Para conservar la relación, calmo los sentimientos de la otra persona en una discusión.

☐ V   ☐ F

**19.** Cedo en algunas cuestiones si la otra persona también lo hace.

☐ V   ☐ F

**20.** Siempre veo un término medio en un conflicto.

☐ V   ☐ F

**21.** Siempre me esfuerzo por hacer valer mis puntos de vista en una discusión.

☐ V ☐ F

**22.** En una discusión, doy mis ideas y luego escucho las de la otra persona.

☐ V ☐ F

**23.** Intento convencer a la otra persona para que vea la lógica y las ventajas de mi punto de vista.

☐ V ☐ F

**24.** No me gusta herir los sentimientos de los demás en un conflicto.

☐ V ☐ F

**25.** Me aparto inmediatamente cuando veo que podemos acabar discutiendo.

☐ V ☐ F

**26.** Intento encontrar una combinación justa de victorias y derrotas para todas las partes.

☐ V ☐ F

**27.** Si se está gestando una discusión, me retiro.

☐ V ☐ F

**28.** Aprecio la discusión directa del problema en un conflicto.

☐ V ☐ F

**29.** En una discusión, intento encontrar un término medio entre mi postura y la de la otra persona.

☐ V ☐ F

**30.** Considero importante hacer valer siempre mis deseos.

☐ V ☐ F

**31.** Me siento cómoda buscando satisfacer mis deseos en un conflicto.

☐ V ☐ F

**32.** Si el punto de vista de la otra persona es realmente importante para ella, suelo ceder.

☐ V          ☐ F

**33.** En una discusión, intento quedarme callada para que no se desborden mis sentimientos.

☐ V          ☐ F

**34.** Al principio de una discusión asumo más o menos que tendré que ceder en varias cosas.

☐ V          ☐ F

**35.** Quiero que todo el mundo salga de una discusión lo más contento posible.

☐ V          ☐ F

Ahora haz un recuento de tus respuestas. El grupo de preguntas en el que hayas obtenido más respuestas «V» indicará tu estilo de conflicto (al menos con la persona o la situación en la que estabas pensando).

**Grupo 1: Evitativo (estilo de conflicto perder-perder).**
Si has respondido «V» a las preguntas 1, 11, 13, 16, 25, 27, 33.

**Grupo 2: Acomodaticio (estilo de conflicto perder-perder).**
Si has respondido «V» a las preguntas 2, 4, 8, 9, 18, 24, 32.

**Grupo 3: Transigente (estilo de conflicto no ganar, no perder).**
Si has respondido «V» a las preguntas 5, 14, 19, 20, 26, 29, 34.

**Grupo 4: Colaborador (estilo de conflicto ganar-ganar).**
Si has respondido «V» a las preguntas 6, 10, 15, 22, 28, 31, 35.

**Grupo 5: Competitivo (estilo de conflicto ganar-perder).**
Si has respondido «V» a las preguntas 3, 7, 12, 17, 21, 23, 30.

*Adaptado del instrumento de modos de conflicto de Thomas-Kilmann.*

Como puedes ver en las descripciones anteriores, los estilos de conflicto evitativo y acomodaticio conducen a una situación en la que los implicados pierden. Evitar una conversación difícil no permite que se expresen y se resuelvan los problemas. Del mismo modo, si en una discusión una o ambas personas ceden demasiado −no se mantienen fieles a sí mismas−, ambas partes pierden, porque el resultado no es auténtico. El estilo de conflicto transigente ofrece una situación en la que no se gana ni se pierde y es más bien un resultado neutral para todas las partes implicadas; en este caso, ninguna de las partes gana ni pierde, pero el problema no se resuelve. En cambio, el estilo de resolución de conflictos colaborador ofrece una situación en la que todas las partes implicadas ganan; es el resultado ideal, pero requiere mucho más esfuerzo y habilidad por parte de todos los implicados. Por último, está el estilo competitivo, en el que hay un ganador claro y un perdedor claro en un conflicto, lo que lleva a un resultado de ganar-perder.

**Dedica unos minutos a escribir qué has aprendido sobre tu estilo de conflicto gracias a esta breve evaluación. ¿Te ha sorprendido alguna de tus respuestas? ¿Cómo te sientes con el estilo de conflicto que has indicado? ¿Cómo puedes aplicar un estilo de conflicto más productivo en tu próximo desacuerdo con alguien?**

# Condiciones necesarias para la expresión segura de las emociones durante un conflicto

Si vas a intentar mantener una discusión que implique fuertes emociones negativas, es vital que aprendas a hacerlo de forma productiva. Deben cumplirse determinadas condiciones básicas antes de intentar una discusión de este tipo. Formúlate las siguientes preguntas antes de verte arrastrada a un conflicto emocional. Debes responder «sí» antes de intentar solucionar un problema con otra persona cuando las emociones están a flor de piel. Si en algún momento la respuesta a estas preguntas es «no», pide un tiempo fuera y pon fin momentáneamente a la discusión. Si es posible, expresa tu voluntad de reanudar la discusión cuando las cosas estén más calmadas.

1. ¿Eres capaz de reconocer qué sientes y medir su intensidad? Si la respuesta es afirmativa, pasa a la pregunta 2. Si la respuesta es negativa, no continúes con la discusión.
2. ¿Puedes acceder a las habilidades verbales adecuadas para hablar de tus sentimientos, sin insultar, gritar ni faltar al respeto? Si la respuesta es afirmativa, pasa a la siguiente pregunta. Si la respuesta es negativa, no continúes con la discusión.
3. ¿Crees firmemente que tienes derecho a sentir lo que sientes y a perseguir lo que es correcto desde tu punto de vista? Si la respuesta es afirmativa, pasa a la siguiente pregunta. Si la respuesta es negativa, no continúes con la discusión.
4. ¿Es un entorno seguro –emocional, psicológica y físicamente– para hablar de sus sentimientos? Si la respuesta

es afirmativa, pasa a la siguiente pregunta. Si la respuesta es negativa, no continúes con la discusión.

5. ¿Está dispuesto tu interlocutor a escuchar tus emociones y a trabajar el conflicto contigo? Si la respuesta es afirmativa, continúa con la discusión. Si la respuesta es negativa, pospón la discusión hasta que se den las condiciones adecuadas.

# Habilidades esenciales de comunicación

En general, las habilidades esenciales de comunicación pueden utilizarse para mejorar cualquier conversación en la que te encuentres. Son especialmente útiles para mejorar el resultado de las discusiones difíciles. Es posible que ya hayas oído hablar de estas habilidades en el pasado, sobre todo en el contexto de la asertividad. Esto significa que cuando actúas y hablas con asertividad, das a conocer tus necesidades, tus deseos y tus preferencias de un modo que no te perjudica a ti ni a los demás. La asertividad implica habilidades de comunicación específicas que se pueden aprender. Es bueno practicarlas con cierta regularidad para que puedas acceder a ellas cuando te encuentres en medio de una discusión, en la que las emociones están a flor de piel y es difícil pensar con claridad.

## Hablar

Cuando seas tú quien hable en una discusión conflictiva, utiliza frases en primera persona para indicar que te haces cargo de lo que dices y de cómo te sientes.

En el libro *Conversaciones difíciles: cómo hablar de los asuntos importantes*, los autores aconsejan:

**CUANDO TENGAS LA PALABRA,** sé clara, céntrate en el tema y no te desvíes del asunto. Expón el problema tal como lo ves. Sé específica y concisa, utilizando frases del tipo «yo» y «yo siento». Expresa tus necesidades, tus deseos y tus preferencias de forma clara, directa y respetuosa. No saques a relucir asuntos del pasado que en este momento no sean relevantes. No domines la conversación; incluye a la otra persona. Formula preguntas abiertas de vez en cuando para asegurarte de que está siguiendo la conversación y entiende lo que dices. No dejes de pedir su opinión.

**EN UNA CONVERSACIÓN DIFÍCIL,** tu principal tarea no es persuadir, impresionar, engañar, burlar, convertir o ganarte a la otra persona. Por el contrario, es expresar lo que ves, por qué lo ves así, cómo te sientes y, tal vez, quién eres. El conocimiento de uno mismo y la convicción de que lo que quieres compartir es importante te llevarán mucho más lejos que la elocuencia y el ingenio.

## Escuchar activamente

Escuchar con paciencia y respeto a otra persona con la que tienes una discusión puede resultar extremadamente difícil. Escuchar algo sobre ti misma que no necesariamente te gusta, sin intervenir ni rebatir nada, no es fácil. Pero escuchar sin ponerse a la defensiva ayuda enormemente a reducir el conflicto y a avanzar hacia resoluciones positivas. La escucha activa te permite parafrasear lo que crees haber oído decir a la otra persona. Esto ayuda a comprobar tus suposiciones preguntándote si eso es, de hecho, lo que la persona quería decir. Saber escuchar también significa prestar atención al lenguaje corporal, la postura, la voz, el tono y los sentimientos de la persona.

*Después de su celebración de aniversario, Beatrice deci-*
*dió hablar con su mujer, Sarah, sobre el hecho de que ella*
*estuviera hablando por teléfono y haciendo negocios du-*
*rante el tiempo que pasaron juntas. Beatrice había deba-*
*tido con otras mujeres del grupo sobre cómo podría em-*
*pezar a hablar con Sarah sobre el resentimiento que*
*sentía hacia ella. Decidió empezar por un tema concreto:*
*el uso constante del teléfono móvil por parte de Sarah.*
*Beatrice eligió un domingo por la mañana, cuando am-*
*bas están en casa, sin ningún otro compromiso.*

Después del desayuno, Beatrice le preguntó si Sarah podía sentarse a hablar con ella unos minutos sobre algo importante. Sarah aceptó, con cara de recelo. Se sentaron en el salón y Beatrice eligió sentarse frente a Sarah. Había practicado cómo sentarse erguida y recta, y no cruzó los brazos, sino que los mantenía sueltos sobre el regazo. Sarah la miró expectante.

**Beatrice:** Sarah, me gustaría hablarte de algo que me ha estado rondando por la cabeza y que verdaderamente adquirió importancia cuando salimos a cenar para celebrar nuestro aniversario.

**Sarah:** Sí, no fue fácil poder hacer esa reserva... Tuve que pedir un favor para conseguir esa mesa exacta.

*Beatrice se dio cuenta de que Sarah parecía ansiosa.*

**Beatrice:** Y te di las gracias de que lo hicieras. Pero no me sentí valorada cuando empezaste a enviar mensajes de texto y a hacer llamadas de negocios mientras estábamos cenando.

**Sarah:** Lo sé, lo sé. (*Habla a la defensiva, con las cejas y la boca fruncidas*). ¡Intenté decirle al equipo que estaría un par de horas sin trabajar, pero hubo una urgencia!

*Beatrice notó que la rabia aumentaba en su interior: el corazón le latía más deprisa y respiraba entrecortadamente. Quiso replicar que Sarah siempre hacía otras cosas más urgentes que Beatrice. Pero hizo un esfuerzo por mantener una postura corporal asertiva, mantuvo una expresión neutra en el rostro y respiró profundamente.*

**Beatrice:** Sé que estás sometida a mucha presión, pero te pido que cuando estemos juntas, sobre todo para algo tan especial como nuestro aniversario, nos dediquemos a hablar la una a la otra. Llevamos diez años casadas; respetémoslo. Sentí que no valorabas nuestro aniversario, ni me valorabas a mí, pasando tanto tiempo mirando el móvil. Habrías podido hacerlo antes o después de la cena.

**Sarah:** De acuerdo, lo entiendo. La verdad es que me sentí muy culpable por eso. Sabía que estaba mal, pero no sabía qué hacer. Me siento muy presionada por el equipo y no quiero que parezca que estoy columpiándome. A veces no sé cómo decirles que no me molesten.

*Beatrice se dio cuenta de que Sarah estaba mirando al suelo y de que tenía los hombros tensos y la mandíbula contraída. Entonces se inclinó hacia delante y puso la mano sobre la de Sarah.*

**Beatrice:** Tal vez podríamos pensar juntas cómo establecer algunos límites con el equipo. Quién sabe, ¡también podría beneficiar a sus relaciones!

*Sarah soltó una risita y cogió la mano de Beatrice.*

## Expresiones faciales

Una mirada vale más que mil palabras, o eso dice el refrán. Durante una discusión, transmitir una actitud de respeto hacia la otra persona implicada requiere las expresiones faciales apropiadas.

No hay que subestimar la importancia de las expresiones faciales en el proceso de escucha activa y habla no defensiva. Hacer muecas, fruncir el ceño, sonreír o poner los ojos en blanco mientras hablas o escuchas puede aumentar la actitud defensiva de la otra persona y reducir su disposición a participar.

Si estás iniciando una conversación potencialmente difícil con alguien, sé consciente de tu expresión facial. Intenta mantener una mirada neutra. Evita tensar la mandíbula e intenta no fruncir el ceño.

En la situación anterior, Beatrice hizo un esfuerzo consciente por mantener una expresión facial neutra, incluso cuando Sarah dijo algo que la hizo enfadar. Asimismo, si alguien hace una mueca o sonríe con desprecio, puedes señalar el efecto que su expresión facial está teniendo sobre tu capacidad de comunicación. Por ejemplo, puedes intentar decir algo así: «Me gustaría ser sincero contigo y compartir cómo me siento, pero ahora mismo estás sonriendo con desprecio y no creo que me estés tomando en serio».

## Lenguaje corporal

Mantén una postura neutra, siéntate o ponte erguida sin estar rígida y mira a la persona con la que estás hablando. Todas estas técnicas pueden ayudar a transmitir respeto y compromiso en la conversación. Mantén el contacto visual según sea culturalmente apropiado. La distancia también es importante: demasiado cerca puede parecer amenazador, pero demasiado lejos puede transmitir desinterés o reticencia a involucrarte.

Transmite una actitud abierta y no defensiva; no cruces los brazos y mantén las manos y los brazos sueltos. Intenta bajar los hombros si notas que los tienes levantados en una postura defensiva. Algunas mujeres que han pasado por el grupo de gestión de la ira expresan que, en sus familias de origen o en su cultura, mantener una postura asertiva durante una discusión no es algo que hayan aprendido o que se les haya incentivado a hacer.

A algunas mujeres se les ha disuadido activamente de adoptar esta postura, porque no se consideraba propio de una dama o porque se percibía como algo masculino o «necio». Sin embargo, mantener el cuerpo en una actitud de asertividad no defensiva es una declaración extremadamente poderosa que impone, y da, respeto. Si te resulta difícil, practícalo delante de un espejo o con personas seguras que respalden lo que intentas conseguir.

## Prestar atención a las emociones subyacentes

Es difícil leer las pistas silenciosas de lo que la otra persona siente –pero no dice– en una conversación difícil. Pero es importante practicar esta habilidad, porque puede facilitar que la conversación sea más productiva.

Durante una conversación difícil, las personas emplean diversas pistas para expresar sus sentimientos. Ponen los ojos en blanco en señal de exasperación, dan golpecitos con los pies o miran hacia otro lado para mostrar impaciencia. Pero no siempre es una expresión negativa: a veces asienten con la cabeza en señal de comprensión o ponen cara de vergüenza para expresar su desconcierto. Todas estas expresiones significan algo sobre el impacto que la conversación está teniendo sobre ellos.

Volvamos al ejemplo anterior de Beatrice y Sarah. La primera vez que Beatrice le dijo a Sarah que quería hablar, se dio cuenta de que Sarah parecía ansiosa. Eso le dio una pista de que Sarah sabía que algo iba mal. Al final de la conversación, Sarah admitió que no sabía cómo conseguir que sus compañeros de trabajo la dejaran en paz cuando se tomaba un descanso del trabajo. Beatrice se dio cuenta de que su mujer estaba estresada y tensa. Vio en ello una oportunidad para tender lazos con ella y buscar formas de poner límites a sus descansos lejos del trabajo.

Las pistas no verbales son fundamentales en una conversación difícil. Incluyen el lenguaje corporal, el tono de voz y la elección de las palabras. En realidad, estas señales son las emociones que se esconden tras la ira de otras personas, que pueden incluir tristeza, ansiedad, soledad, culpa o vergüenza. Formular preguntas amables sobre sus sentimientos puede ayudarlas a estar menos a la defensiva.

## Consumo de sustancias y conflicto

En un estado alterado, no podemos medir con precisión nuestro nivel de ira. Disminuye nuestras inhibiciones, lo que nos dificulta controlar las respuestas de ira. Si tú o la persona con la que tienes un conflicto habéis consumido sustancias que alteran el estado de ánimo o la mente, es probable que la conversación se os vaya rápidamente de las manos. Beber alcohol aumenta los niveles de noradrenalina (también conocida como norepinefrina) en el organismo. Tal vez recuerdes del capítulo 1 que la noradrenalina es una de las sustancias químicas clave que se liberan en el cuerpo cuando aparece un ataque de ira. También aumenta la impulsividad y el nivel de excitación que experimentan el cerebro y el cuerpo. Añadir alcohol a un cerebro enfadado, o viceversa, es una receta para una reacción volátil.

**Tómate unos minutos para reflexionar sobre tus puntos fuertes y tus retos como comunicadora. A grandes rasgos, ¿cuáles son tus puntos fuertes? ¿Cuáles son tus retos?**

_____

_____

_____

_____

_____

_____

_____

**Ahora piensa en tu capacidad de comunicación durante una discusión. ¿Cuáles son tus puntos fuertes? ¿Cuáles son tus retos? ¿Qué habilidades podrías mejorar?**

_____

_____

_____

_____

_____

_____

_____

Ya te habrás dado cuenta de que la mayor parte del trabajo necesario para preparar las conversaciones reparadoras con las personas importantes de nuestras vidas tiene más que ver con nosotras mismas que con la otra persona. Así lo señaló en broma una mujer del grupo de control de la ira: «¡Por Dios! El 80 % de lo que estamos aprendiendo tiene que ver con nuestros propios sentimientos y nuestro comportamiento. Esperaba que aprendiéramos a hacer que los demás actuaran bien».

En el grupo seguimos retomando la idea de que no podemos hacer que nadie cambie. Lo único que podemos controlar es nuestro propio comportamiento. El objetivo general es trabajar para cambiar nuestra perspectiva y nuestras respuestas de pensamiento y sentimiento. Al explorar la comunicación restaurativa, hasta ahora nos hemos centrado en cambiar nuestros propios pensamientos y percepciones negativos. También nos hemos centrado en mejorar nuestra capacidad para hablar con claridad, escuchar activamente y observar el lenguaje corporal ligado a las emociones mientras participamos en conversaciones difíciles. Proseguiremos nuestra conversación sobre la comunicación restaurativa en el próximo capítulo. Éste es el momento de la verdad: aprender a expresar más eficazmente nuestros deseos, nuestras necesidades y nuestras peticiones de cambio a las personas importantes de nuestras vidas.

# Autoevaluación del capítulo 4

En este capítulo has aprendido maneras de restablecer y reparar la comunicación con las personas importantes de tu vida. Has identificado tu estilo de conflicto y has aprendido qué significa para los resultados de tus interacciones. Has aprendido qué condiciones deben darse antes de que las emociones puedan ser discutidas con seguridad y las habilidades esenciales para una comunicación positiva. Éstas incluyen hablar y escuchar activamente de forma no defensiva, mantener un lenguaje corporal asertivo y prestar atención al lenguaje corporal y a las emociones subyacentes de la otra persona. Desarrollaremos estas ideas en el próximo capítulo, donde practicaremos cómo pedir lo que queremos y necesitamos, y cómo pedir cambios a los demás. Reflexiona unos minutos sobre qué te ha parecido más valioso de este capítulo.

# 5

# Comunicación restaurativa. Segunda parte

## Pedir lo que se necesita y se desea, y pedir cambios de comportamiento a los demás

*Haniya se enfrenta a una conversación muy complicada en el trabajo. Ahora tiene un plan de rendimiento de 90 días, cuyo objetivo es garantizar que ésta mantenga la profesionalidad apropiada cuando se comunique con su equipo. Esto significa que Haniya debe controlar sus ataques de ira en el trabajo y abstenerse de faltar al respeto y gritar. Ella y su equipo llevan semanas de retraso en la entrega de un trabajo a un cliente importante. Tiene que hablar con un miembro clave del equipo, Tom, para saber por qué su parte del proyecto ha acumulado tanto retraso. En su última conversación, llamó a Tom «vago incompetente» y él la denunció a Recursos Humanos. El grupo de gestión de la ira ayudó a Haniya en esta difícil tarea e intercambió ideas sobre cómo podría mantener esta conversación con Tom para conseguir un resultado mejor que en su anterior reunión con él.*

En contra de lo que puedan creer algunos directivos y empleados, las emociones negativas en el puesto de trabajo deben abordarse en cualquier conversación para resolver problemas. Según *Conversaciones difíciles: cómo hablar de los asuntos importantes*, es crucial abordar estos sentimientos negativos porque «las conversaciones difíciles no sólo implican sentimientos; en el fondo tratan de sentimientos».

En la situación de Haniya, ella debe admitir los sentimientos de Tom por el trato que ella le dio en el pasado y concederle espacio para que hable de sus sentimientos. También debe abordar su propia ira y su frustración por el retraso del proyecto y la participación que Tom tiene en él.

## Los cuatro pasos de la comunicación no violenta

La comunicación no violenta conceptualiza la violencia no sólo en términos de violencia física, sino también a través de formas dañinas de comunicación que se dan en interacciones interpersonales sutiles y cotidianas. Las opiniones moralizantes, la negación de tu autonomía y de tu libre albedrío, las exigencias y la creencia de que mereces determinados resultados conducen a la desconexión y a la falta de empatía.

El Dr. Marshall Rosenberg, fundador del Centro de Comunicación No Violenta de Albuquerque (Nuevo México), creó un proceso de cuatro pasos para una comunicación asertiva productiva. El modelo de Rosenberg enfatiza la idea de que un individuo debe estar compasivamente conectado consigo mismo antes de poder actuar empáticamente con los demás. Los cuatro pasos son los siguientes:

1. **Observar.** Verbalizar lo que se ve o se oye de forma objetiva y sin dar opiniones. Por ejemplo: «Cuando veo que llegas tarde a casa...».
2. **Sentir.** Expresar lo que se siente sobre lo que se observa con afirmaciones del tipo «Yo siento».
3. **Necesitar.** Expresar la necesidad humana que no está siendo satisfecha por la situación, como «Nccesito tu atención cuando hablamos de algo» o «Necesito tu ayuda para limpiar la casa».
4. **Pedir.** Reclamar un cambio de comportamiento a la otra persona.

Examinaremos estos pasos viendo cómo los aplica Haniya en su difícil conversación con Tom.

## La conversación de Haniya y Tom

Antes de la reunión, Haniya se toma un tiempo para examinarse a sí misma y aceptar qué siente. Está ansiosa por reunirse con Tom, teniendo en cuenta lo ocurrido en su última conversación. Le preocupa que un resultado negativo pueda poner en peligro su trabajo.

Pero también sigue enfadada porque Tom no ha hecho adecuadamente su trabajo. Haniya toma medidas para desescalar sus emociones y evitar que su cuerpo entre en modo de lucha o huida. Para ello, respira a un ritmo pausado, se sienta en su silla de manera consciente y se limita a observar los detalles de su entorno sin dejar de prestar atención a su respiración.

Haniya reconoce conscientemente sus pensamientos negativos, pero no les presta atención. En vez de ello, se centra en pensamientos positivos e incentivadores, como «Pronto se acabará esto. Puedo hacerlo; mira todo lo que he conseguido hacer en mi vida. Aunque perdiera este trabajo, mis amigos y mi familia me seguirán queriendo».

Haniya sigue respirando profundamente de forma consciente e incluso se repite a sí misma la palabra «calma» mientras respira. Intenta que la tensión abandone su cuerpo y se esfuerza por mantener una postura abierta. Tom entra en el despacho de Haniya y se sienta.

Antes que nada, Haniya se disculpa por cómo se expresó en su interacción anterior.

**Haniya:** Tom, soy consciente de que tenemos que tratar muchos temas en esta reunión, pero me gustaría empezar disculpándome por cómo me comporté en nuestra última reunión. No tendría que haberte insultado y me doy cuenta de que fue muy poco profesional e hiriente.

**Tom:** No creo que me dijeras esto si no hubiera ido a Recursos Humanos.

*Haniya sigue utilizando conscientemente la respiración acompasada para controlar sus emociones.*

**Haniya:** Bueno, yo creo que sí, pero supongo que sólo podemos seguir adelante a partir de aquí. Estoy segura de que te dolieron mucho mis palabras, y supongo que me llevará tiempo demostrar que puedo comportarme de manera profesional.

**Tom:** Por ahora, no acepto tus disculpas. Sólo el tiempo dirá si eres fiel a tu palabra de cambiar.

**Haniya:** De acuerdo, entiendo tus dudas. Como has dicho, sólo puedo demostrar el cambio avanzando. Ahora pasemos al tema que tenemos que discutir, que es nuestro último proyecto para Apex.

**Tom:** De acuerdo.

*Haniya sigue ahora los cuatro pasos de la comunicación no violenta para abordar el problema de productividad con Tom.*

**Observar. Haniya:** Tom, cuando observo que no estás delante del ordenador durante largos períodos de tiempo...

**Sentir. Haniya:** ... Me siento frustrada y preocupada porque el proyecto no avanza. Me preocupa mucho que no podamos cumplir plazos importantes. Esto provocará problemas a todo nuestro equipo.

**Tom:** Bueno, en realidad estoy yendo de un lado para el otro intentando hablar con gente que no me responde a los correos electrónicos ni a los mensajes de voz sobre el proyecto. En realidad, estaría bien que me apoyaras de vez en cuando y me ayudaras a conseguir la información que necesito.

**Necesitar. Haniya:** Oigo lo que dices y me gustaría ayudar. Cuando hay problemas en el proyecto y estás atascado, necesito que me lo digas para que pueda averiguar cómo ayudarte. Necesito que, por favor, me avises cuando veas que hay un problema, para que te pueda ayudar.

**Tom:** Lo intentaré, pero muchas veces tú tampoco estás en tu mesa.

**Pedir. Haniya:** Vale. Te agradecería que intentaras ponerte en contacto conmigo por correo electrónico o por teléfono en cuanto sepas que ha surgido un problema. Te prometo que haré todo lo posible para ayudarte.

**Tom:** De acuerdo, me parece bien.

En la reunión de grupo de la semana siguiente, todas chocan las manos y se abrazan por el gran trabajo que hizo Haniya en esta difícil conversación.

**Por favor, piensa y describe una situación en la que podrías utilizar los cuatro pasos de la comunicación no violenta para mejorar una relación con alguien que forme parte de tu vida.**

**¿Quién sería esa persona? ¿Qué situación te gustaría mejorar? A continuación, resume los pasos.**

**Persona, relación, situación:**

_____

_____

_____

_____

_____

_____

_____

**Declaración sobre observar:**

_____

**Declaración sobre sentir:**

_____

**Declaración sobre necesitar:**

_____

**Declaración sobre pedir:**

_____

# Comunicación restaurativa con la pareja, amigos íntimos y familiares cercanos

En el grupo, Beatrice tomó una importante decisión. Decidió iniciar otra conversación con su mujer para contarle lo infeliz que se sentía en el matrimonio en general y pedirle cambios en las pautas de convivencia que mantenían.

El Dr. John Gottman es un profesor de psicología conocido en todo el país y cofundador del Instituto Gottman, un instituto basado en la investigación que ofrece recursos y talleres para parejas y formación especializada para terapeutas. Lleva más de cuarenta años estudiando parejas, sus patrones de comunicación y qué funciona y qué no funciona para mejorar sus relaciones. En su libro *Why Marriages Succeed or Fail*, Gottman esboza cuatro sencillos pasos para mejorar la comunicación en una relación íntima de pareja, especialmente durante un conflicto.

1. **Tranquilízate.** No entables una conversación si estás emocionalmente desbordada. En el capítulo 1 hemos explorado los cambios fisiológicos que tienen lugar en el cerebro y el cuerpo cuando ocurre un incidente que desencadena ira. Toma nota del nivel de excitación emocional y física que experimentas como respuesta al desencadenante de la ira. Toma medidas para reducir tu reactividad a un nivel gestionable (3 o menos en la escala de la ira que va de 1 a 10; consulta «Evalúa la intensidad de tu reacción de ira») utilizando las habilidades TIPP (consulta el apartado «Habilidades TIPP») o los tiempos fuera (apartado «Tiempo fuera»).
2. **Habla y escucha sin actitud defensiva.** Limítate a escuchar respetuosamente sin intentar rebatir ni interrum-

pir a la otra persona. Esto también significa expresar admiración y aprecio por la otra persona de cualquier manera posible.

3. **Validaos mutuamente y valida la relación.** Por difícil que resulte, admitir cómo se siente la otra persona durante una conversación difícil puede contribuir en gran medida a diluir la animosidad. Traer a colación un recuerdo o una broma entrañable para ambos, o expresar cariño o preocupación por la otra persona, también puede ayudar a establecer una conexión positiva, incluso en medio del conflicto.

4. **Sobreaprende: practica, practica y practica.** Esfuérzate por repetir los tres pasos anteriores. Una vez que los hayas practicado varias veces, deberías empezar a ver enseguida algunos cambios positivos en tus patrones de comunicación. Como ocurre con el aprendizaje de cualquier habilidad nueva, requiere práctica, práctica y práctica.

Podemos ver cómo estos cuatro pasos serían útiles en cualquier conversación con cualquier persona cercana de nuestras vidas, pero veamos cómo se desarrollan en la conversación de Beatrice con su mujer, Sarah.

Beatrice le había pedido a Sarah que un día quedara con ella al salir del trabajo en un tranquilo *pub* local para hablar de algunas cosas sobre su relación. Beatrice percibió sorpresa en la voz de Sarah cuando aceptó la petición.

1. **Tranquilízate.** Al igual que Haniya había hecho para preparar su conversación con Tom, Beatrice toma medidas para calmar sus emociones, sus pensamientos y su cuerpo antes encontrarse con Sarah. Practica estas medidas mientras espera a Sarah, que llega casi media hora tarde.

2. **Habla y escucha sin actitud defensiva.** Después de sentir que su discusión anterior le había ido relativamente bien, Beatrice intenta abordar el tema más amplio de su infelicidad general en el matrimonio y la falta de equidad. Beatrice le dice a Sarah lo que había estado practicando durante semanas.

**Beatrice:** Sarah, desde hace algún tiempo me siento infeliz en nuestro matrimonio. A menudo me siento ignorada por ti y que no me respetas como a una igual.

**Sarah:** ¿Que no te respeto? ¿Qué quieres decir? Eres mi mujer; ¡todo lo que hago es por ti! Trabajo para nosotras. Para poder pagar nuestro ritmo de vida... ¡Sabes lo que supone nuestra hipoteca, lo que suponen los pagos del coche! Eres consciente de que no contribuyes mucho con tu sueldo.

*Beatrice está preparada para esta actitud defensiva y continúa con su respiración acompasada. Se mantiene concentrada en lo que quiere decir, a pesar de sentir cómo aumenta su ira.*

3. **Validaos mutuamente y valida la relación.** Beatrice quiere que la conversación avance y siga siendo productiva, por lo que recurre al tercer paso de Gottman: validar a la otra persona y la relación, para mantener un tono positivo.

**Beatrice:** Aprecio de verdad todo lo que haces y lo duro que trabajas por el dinero que ganas. Pero siento que no me respetas como persona. Por ejemplo, mi trabajo: soy profesora, y, aunque no gane tanto dinero como tú, eso no significa que mi trabajo no valga nada.

**Sarah:** Vaya, no me había dado cuenta de lo que he dicho. Me siento fatal porque no te sientas respetada por mí. Estoy muy orgullosa de que seas profesora. Siempre se lo estoy diciendo a todo el mundo.

**Beatrice:** Me parece genial que se lo digas a otras personas. (*Sonríe*). ¡Ahora dímelo a mí de vez en cuando!

**Sarah:** Sé que este trabajo me quita demasiado tiempo, y el estrés hace que a veces me comporte como una idiota. Y he sentido que te distanciabas... Yo también me he sentido ignorada por ti. Últimamente no pasamos muchos momentos divertidos juntas.

*Sarah desvía de forma natural la conversación hacia cómo solían pasar momentos agradables juntas.*

**Sarah:** Echo de menos nuestra partida de trivial de los martes por la noche; eres invencible. Siempre me he sentido muy orgullosa de cómo arrasabas en las categorías de entretenimiento y ciencias.

**Beatrice:** Y yo disfrutaba presumiendo un poco.

4. **Sobreaprende: practica, practica y practica.** Esta conversación salió bien. Abrió una puerta a futuras conversaciones entre ambas, aunque no todas fueron tan bien como ésta. Tuvieron que resolver muchos desacuerdos, pero Beatrice y Sarah disponían de un modelo a seguir para mantener conversaciones y discusiones productivas.

Veamos otro ejemplo del proceso de cuatro pasos de Gottman. Tal vez recuerdes el ejemplo de Brittany y Kyle del capítulo 1, explicado en el apartado «La ira en función del sexo».

Finalmente, Brittany y Kyle estuvieron a punto de divorciarse y acabaron acudiendo a terapia de pareja. Brittany le había explicado a David, su compañero de trabajo, su situación en casa y lo agobiada que se sentía por todas las responsabilidades de tener que cuidar de la familia. David, divorciado y padre de dos hijos, empezó a ayudar a Brittany los fines de semana, cuando Kyle no estaba. A veces llevaba los hijos de Brittany y Kyle (junto con los suyos) al parque para que ella pudiera limpiar la casa y terminaban comiendo todos juntos. O le hacía la lista de camino a Costco y le compraba las cosas que Brittany necesitaba.

Pronto Brittany y David acabaron estableciendo una rutina de fin de semana basada en la ayuda mutua. Sin embargo, al cabo de un tiempo, Kyle empezó a cuestionar esta «ayuda mutua» y se enfadó por la implicación de David en la vida de su familia. Llamó a David y lo insultó, advirtiéndole: «No vuelvas a acercarte a esta familia nunca más... ¡o de lo contrario!». Brittany acusó a Kyle de ser un padre y un marido ausente, y le dijo que debería irse de casa.

Kyle acusó a Brittany de serle infiel. Kyle pasó muchas noches durmiendo en el sofá, y él y Brittany dejaron de hablarse. Fue David quien sugirió a Brittany que ella y Kyle buscaran asesoramiento matrimonial. No quería ser responsable de la ruptura de su familia. Brittany y Kyle buscaron un consejero matrimonial, que siguió el método Gottman.

**Consejero:** Parece que hay cosas concretas que se pueden hacer para ayudar a esta relación. ¿Por qué no probamos la estrategia Gottman de la que hemos estado hablando para tener una conversación sobre un área crítica de vuestro matrimonio? ¿Por dónde deberíamos empezar?

**Kyle:** Quiero empezar hablando de la infidelidad de Brittany. ¡Tan pronto como giraba la espalda, se iba con otro tío!

**Brittany:** ¡Te lo he dicho un millón de veces, no fue así! David es mi amigo y un padre soltero... ¡y yo también podría ser una madre soltera! Nos ayudábamos mutuamente.

1. **Tranquilízate.** El consejero recuerda tanto a Brittany como a Kyle que deben calmar las reacciones emocionales de su cuerpo ante la ira mediante la respiración profunda y el silencio durante un par de minutos.

2. **Habla y escucha sin actitud defensiva.** El consejero recuerda tanto a Brittany como a Kyle que deben calmar sus reacciones defensivas y escuchar de verdad lo que dice el otro. Es algo muy difícil, pero empieza Brittany.

**Brittany:** ¡Cuántas veces que te he pedido que te quedaras el fin de semana y me ayudaras con los niños y te has ido a jugar al golf! Me he sentido cada vez más dolida y enfadada.

**Kyle:** ¿¡Así que has encontrado a otro chico!? (*El consejero le recuerda que debe hablar de forma no defensiva*). Vale, me enfadó mucho ver que David aparecía por casa y se llevaba a mis hijos y pasaba tiempo contigo.

**Brittany:** David es un buen amigo y se encuentra un poco en el mismo barco que yo.

**Kyle:** Pero él está divorciado; tú no, tú tienes marido.

*Brittany respira hondo; decide correr el riesgo de validar a Kyle y la relación, aunque sigue furiosa.*

**Brittany:** Sí, tengo un marido al que quiero y con el que quiero pasar tiempo, pero que no está en casa los fines de semana.

*Kyle se sienta en silencio. El consejero le pregunta qué está pensando.*

**Kyle:** Sé que Brittany tiene razón. Simplemente me siento estresado por mi negocio, todas las facturas, la rutina... A veces necesito desahogarme. Pero nunca pensé que encontraría a otro chico rondando por casa.

**Brittany:** Como ya he dicho, David y yo nos hemos estado ayudando mutuamente. Es muy exigente criar a los niños. Hay que hacer muchas tareas. No sé por qué no lo ves.

**Kyle:** Bueno, ya sabes que mi madre era ama de casa. Ella se ocupaba de todo en casa, y mi padre sólo trabajaba. Parecía que a ella le encantaban todas esas cosas.

**Brittany:** Es diferente. Yo trabajo a tiempo completo y cuido de la casa y de los niños.

**Kyle:** *(Suspira).* Sí. Ojalá ganara mucho más dinero para que fuera más fácil para todos nosotros. No tendrías que trabajar.

**Brittany:** No tienes que ganar más dinero. Me gusta trabajar. Si me ayudaras con más cosas, seria mucho más fácil para todos y podríamos pasar más tiempo juntos.

**Kyle:** Sí quiero pasar más tiempo contigo y los niños. Pero no quiero que todo sea trabajo y tareas.

El consejero pregunta si Brittany y Kyle pueden revisar sus agendas y hacer cambios prácticos que para repartir mejor el cuidado de los niños y las tareas domésticas. Les advierte que no será fácil y que tendrán que practicar, practicar y practicar las tres habilidades anteriores mientras siguen negociando.

**Tómate unos minutos para pensar en qué relaciones de tu vida podrían beneficiarse de las cuatro sencillas reglas de Gottman. ¿Te imaginas iniciar una discusión difícil con un ser querido sin ponerte a la defensiva? ¿Cómo podrías contrarrestar la actitud defensiva de tu pareja con la validación? ¿Qué podrías decir para validar a la otra persona y la relación?**

---

---

---

## Comunicación restaurativa con niños

*Bobbi quería encontrar alguna forma de hablar con su hija, Shania, sobre sus arrebatos de ira. Normalmente se producían cuando las dos llegaban a casa después de un largo día en el trabajo y la escuela. En las pocas horas que quedaban antes de acostarse, Bobbi tenía que hacer la cena, Shania tenía que hacer los deberes y finalmente tenía que asegurarse de que Shania se bañara. Bobbi se encontraba a sí misma haciendo estas tareas a toda prisa, hablando mal a su hija, que también estaba cansada y de mal humor tras un largo día. Bobbi se daba cuenta de que se sentía como una víctima, sola y sin ayuda para criar a su hija.*

Con la ayuda del grupo de gestión de la ira para mujeres, Bobbi decide que quiere empezar de nuevo con su hija y replantear sus tardes juntas. Quiere ser sincera sobre su propio comportamiento. De cara al futuro, Bobbi quiere enseñar a su hija a gestionar mejor los sentimientos difíciles.

Decide disculparse por los ataques de ira del pasado. Quiere explicar su ira de un modo que Shania pueda entender y dar a su hija espacio para expresar lo que siente cuando vive estos ataques de ira. Elige un momento que no sea uno de sus momentos de mayor estrés, sino cuando estén más relajadas. Bobbi decide hablar con su hija un sábado mientras toman un helado.

**Bobbi:** Shania, quiero decirte que siento mucho cómo me enfado a veces cuando llegamos a casa por la noche. Sólo quiero que sepas que no es culpa tuya y que estoy trabajando para controlar mejor mi ira.

**Shania:** ¿De quién es la culpa, entonces?

**Bobbi:** Supongo que en el fondo no es de nadie. Se acumula el estrés en mi interior, como la lava en un volcán, y entonces... ¡bum! Supongo que exploto.

**Shania:** Sí, y da mucho miedo.

**Bobbi:** Siento haberte asustado por estar tan enfadada.

**Shania:** No me gusta que seas así. Sabes, mami, realmente necesitas un tiempo fuera cuando actúas así.

**Bobbi:** Es una idea excelente. Probablemente necesite un tiempo fuera antes de que ocurra eso. Sí, tal vez cuando lleguemos a casa por la noche podría tomarme un tiempo fuera mientras tú ves la tele un ratito. Así podré estar más tranquila para el resto de las cosas que tenemos que hacer.

**Tómate unos minutos y reflexiona sobre las relaciones con los niños o los adultos jóvenes de tu vida. ¿Te gustaría hablar con ellos de la ira y de cómo gestionarla mejor? Piensa en un *brainstorming* sobre cómo reducir el estrés en el hogar familiar con los niños. ¿Cómo te imaginas que se desarrollaría esta conversación? ¿Qué te gustaría decir?**

# Autoevaluación del capítulo 5

En este capítulo has aprendido formas de restablecer y reparar la comunicación con aquellas personas que son importantes en tu vida. Hemos identificado los estilos de conflicto y hemos aprendido qué significan para los resultados de tus interacciones. Hemos aprendido cuáles son las condiciones que deben darse para poder hablar de emociones con seguridad y hemos repasado las habilidades esenciales para una comunicación positiva. También hemos acompañado a Haniya en una conversación difícil en el lugar de trabajo mientras aplicaba los cuatro pasos de la comunicación no violenta.

También hemos conocido los cuatro sencillos pasos de John Gottman para mejorar las relaciones y hemos visto cómo Beatrice los aplica en una conversación con su mujer. Por último, hemos visto a Bobbi disculparse con su hija por los enfados del pasado y cómo le ofrecía sugerencias para que las cosas fueran menos estresantes en el futuro. Dedica unos minutos a escribir qué información de este capítulo te ha resultado más útil y qué técnicas piensas probar en el futuro.

# 6

# Mantener el progreso

E l grupo de la gestión de la ira para mujeres lleva reunién-dose casi tres meses, y la fecha de graduación está a la vista. Haniya, Emily, Margaret, Bobbi, Brittany y Beatrice están impresionadas y orgullosas de sí mismas y de sus compañeras por los progresos que han hecho en la gestión de su ira. Ahora deben elaborar un plan de seguimiento para mantener sus progresos. A todas les preocupa recaer. En particular, Emily, con un caso judicial en curso, quiere tener unas estrategias concretas que le ayuden a mantener su progreso.

## Estrategias rápidas para prevenir futuros arrebatos

Reducir tu reactividad ante situaciones que provocan ira requiere un enfoque holístico que involucre al cuerpo, la mente y el espíritu. Puede sonar a galimatías de la Nueva Era, pero, nos guste o no, los seres humanos estamos física, mental y emocionalmente ligados a nuestros sistemas nerviosos simpático y parasimpático. Recuerda que estamos programados con el sistema de lucha o huida y el correspondiente sistema de tranquilizar el cuerpo. Así que si quieres enfadarte menos a mcnudo, debes cuidar todo tu ser.

## Estrés y gestión del estrés

El estrés y la ira van de la mano. Si padeces estrés crónico descontrolado, es probable que también tengas la mecha corta cuando se trata de la ira. Además, te hace más susceptible a una serie de problemas de salud, como trastornos cardiovasculares, sobrepeso y diabetes. Los investigadores nos dicen que lo que cuenta no es tanto la cantidad real de estrés en nuestras vidas como nuestra percepción de los factores estresantes. En la vida real, independientemente de los factores estresantes que percibamos, si queremos reducir nuestro nivel de ira, debemos reducir nuestros niveles de estrés.

## Evitar los desencadenantes

Puede que resulte más fácil decirlo que hacerlo, pero tómate unos minutos para examinar tus rutinas diarias y busca oportunidades para evitar o eliminar los desencadenantes de la ira de tu vida cotidiana. ¿Que siempre llega tardes al trabajo? Intenta levantarte un poco antes para salir antes y evitar el tráfico. ¿Que tienes algún familiar al que no aprecias, pero con el que te encuentras en reuniones familiares? Intenta no coincidir con esa persona o limitar el tiempo que coincidís en el próximo encuentro. ¿Y qué pasa con el compañero de trabajo que se sienta a tu lado y que te cae tan mal? Limita vuestra interacción en la medida de lo posible; que sea cordial y profesional, pero también breve.

# CUESTIONARIO SOBRE LOS FACTORES PROTECTORES FRENTE AL ESTRÉS

Los factores protectores son las personas, las actividades y las acciones de autocuidado positivas en tu vida que pueden ayudar a evitar que se manifiesten determinados factores de estrés o ayudar a reducir el impacto negativo de aquellos que son inevitables.

Haz este cuestionario para descubrir cuántos factores protectores frente al estrés tienes en tu vida. Puntúa cada ítem de 1 (casi siempre) a 5 (nunca) según la frecuencia con la que la afirmación es cierta en tu caso.

_____ **1.** Hablo de mis sentimientos cuando estoy enfadada o preocupada.

_____ **2.** No fumo cigarrillos.

_____ **3.** Salgo con frecuencia y hago vida social.

_____ **4.** Mi salud es buena.

_____ **5.** Duermo lo suficiente para despertarme descansada, al menos cuatro noches a la semana.

_____ **6.** Tengo ocasiones de dar y recibir afecto físico con regularidad.

_____ **7.** Tomo al menos una comida completa y saludable al día.

_____ **8.** Cada día tengo algún «tiempo para mí» tranquilo.

_____ **9.** Bebo menos de cinco bebidas alcohólicas a la semana.

_____ **10.** Me divierto al menos una vez a la semana.

_____ **11.** Mi peso es proporcional a mi estatura.

_____ **12.** En mi casa, hablamos con regularidad de los problemas domésticos comunes a medida que van surgiendo (por ejemplo, las facturas o el reparto de tareas).

_____ **13.** Hago ejercicios aeróbicos al menos veinte minutos como mínimo dos veces por semana.

_____ **14.** Bebo menos de tres bebidas con cafeína al día.

_____ **15.** Soy capaz de gestionar mi tiempo de forma que no suelo ir con prisas.

_____ **16.** Tengo un grupo de amigos con los que me gusta pasar el tiempo.

_____ **17.** Tengo creencias religiosas o espirituales que me reconfortan.

_____ **18.** Tengo un familiar de confianza a menos de 80 km de distancia.

_____ **19.** Gano suficiente dinero para cubrir mis necesidades básicas.

_____ **20.** Tengo al menos un amigo en quien puedo confiar y con quien puedo compartir cosas importantes.

**TOTAL** _____

Para obtener tu puntuación, suma las cifras y resta 20. Cualquier número superior a 30 indica susceptibilidad a los factores estresantes. Si tu puntuación está entre 50 y 75, tienes una susceptibilidad grave al estrés. Cualquier número superior a 75 indica una susceptibilidad extrema al estrés.

Algunos factores protectores frente al estrés son más fundamentales que otros. Si no ganas suficiente dinero para cubrir tus necesidades básicas, no tienes una vivienda segura o comida suficiente, o no tienes familia o amigos con los que puedas contar, tu nivel de estrés va a ser crónicamente elevado de una manera que puede llegar a ser incapacitante.

Otras clientas se han quedado sin hogar y viven en albergues mientras esperan durante meses o incluso años una vivienda. Otras sufren a diario incidentes de racismo sutil. Fundé una clínica comunitaria de salud mental sin ánimo de lucro porque me di cuenta de que cubrir estas necesidades básicas es la base de una buena salud mental.

Si te encuentras en una de las situaciones anteriores, es aún más crítico cómo gestionas tu ira y cómo la expresas de manera asertiva. Gritar a la persona que gestiona las nóminas en tu empresa porque el pago ha llegado tarde no hará que te paguen más rápido. Faltar al respeto a la persona que gestiona tu solicitud de alquiler porque dice que tu capacidad crediticia es baja, no te ayudará a conseguir un piso. Es injusto que, en un país tan rico como Estados Unidos, muchas personas vivan al día y tengan una red de seguridad tan pobre. Pero la ira descontrolada a nivel interpersonal es ineficaz y no ayudará a tu causa individual.

*Adaptado de Outlook Associates of New England Anger Assessment.*

Recuerda que estás trabajando tus habilidades de control de la ira para tu beneficio y el de las personas más importantes de tu vida. Busca todos los recursos que tienes a tu disposición en la zona donde vives.

La pobreza, unida a la falta de apoyo social y emocional en tu vida, puede parecer insuperable. No hay duda de que buscar soluciones a estos problemas es largo, frustrante y extremadamente difícil desde el punto de vista emocional. Pero reaccionar ante los sentimientos de rabia de forma inapropiada a nivel interpersonal sólo te hará la vida más difícil.

**Dedica unos minutos a evaluar tus factores protectores frente al estrés. ¿Te sorprende lo que has descubierto? ¿Cuáles son tus puntos fuertes por lo que respecta a los factores protectores frente al estrés?**

## Prácticas de *mindfulness*, meditación y relajación

Numerosas graduadas de mi grupo de gestión de la ira para mujeres han explicado los considerables beneficios que supone tener tiempo para la meditación unas cuantas veces a la semana. Durante la quinta semana, introducimos la práctica y el grupo comienza la sesión realizando una meditación de cinco minutos. Esto incluye respiración acompasada, visualización o relajación muscular progresiva. Conforme pasa el tiempo, algunas participantes del grupo han descubierto aplicaciones, tanto gratuitas y como de suscripción, que pueden descargar en sus teléfonos móviles y que han hecho que la meditación sea aún más fácil y accesible.

La meditación no tiene por qué ser elaborada ni estar vinculada a ninguna religión o filosofía. Es simplemente un momento en el que te permites sentarte en silencio, concentrarte en tu respiración y practicar el dejar ir ciertos pensamientos y sentimientos.

## Inventarios cuerpo/mente

Los programas de doce pasos utilizan inventarios personales como una manera de hacer balance de muchos aspectos de la vida de una persona que se está recuperando, tanto interna como externamente. Están pensados como herramientas para «hacer limpieza», por así decirlo, para eliminar cualquier emoción, pensamiento o recuerdo negativo persistente que pueda tender una trampa a la persona que se está recuperando para que vuelva a caer. El décimo paso del programa trata en detalle la realización de un inventario personal, también conocido como inventario de comprobación puntual, tanto en el momento como al terminar el día. Este inventario sólo requiere dejar por un momento lo que estés haciendo. En Internet puedes encontrar muchos recursos sobre el inventario de comprobación, así como una gran cantidad de aplicaciones para descargar.

La práctica de hacer un inventario personal ha existido durante miles de años en diferentes filosofías, religiones y otros sistemas de pensamiento. Desde Confucio hasta Pitágoras y san Francisco Javier, la práctica de la autoevaluación ha sido aconsejada y alabada, aunque a menudo ignorada. Esto también es así con los programas de doce pasos, que proporcionan una referencia útil a estas prácticas en nuestros tiempos. Independientemente de lo que pienses de los doce pasos, hacer periódicamente inventarios de nosotros mismos –desde el punto de vista físico, emocional y mental– engloba una enorme sabiduría.

En el caso concreto de la ira, hacer esto puede ayudarnos a impedir que nuestro sistema de lucha o huida se arme por completo cuando nos encontramos ante un desencadenante de la ira. Para hacer un inventario de comprobación puntual, sólo tienes que interrumpir la actividad que estés llevando a cabo en ese momento. Conecta con tu respiración. Tómate el pulso. ¿Cuáles son tus pensamientos y tus sentimientos? ¿Qué ocurre en tu interior? ¿Cuál es tu estado físico? Respira hondo y repite una frase tranquilizadora, del estilo: «En estos momentos estoy bien», «Esto también pasará» o cualquier otra que te funcione.

A continuación, te muestro una forma de llevar a cabo un autoinventario en cualquier momento:

**1.** Conecta con tu respiración en distintos momentos del día. Siente cómo tu estómago realiza una o dos respiraciones; nota cómo se mueve la cavidad corporal, subiendo y bajando acompasadamente. Sé consciente de qué sientes físicamente en tu cuerpo.

**2.** Toma conciencia de tus pensamientos y tus sentimientos en estos momentos. Limítate a obsérvalos sin juzgarte. ¿Qué estás pensando y sintiendo?

_____

_____

_____

**3.** ¿Qué conexiones puedes establecer entre lo que ha ocurrido durante hoy, o con anterioridad, que pueda haber provocado que surjan estos sentimientos y pensamientos?

_____

_____

_____

**4.** A medida que avanzas en tu día, ¿hay algún cambio que te gustaría hacer en tus pensamientos y comportamientos?

_____

_____

_____

## Socializar

En el grupo de gestión de la ira para mujeres que dirijo, he descubierto que las participantes que tenían un amigo o un familiar con quien hablar de sus problemas conseguían mejores resultados en lo que respecta a la gestión de su ira y en la mejora de su salud. Pasar tiempo con amigos y conocidos de cuya compañía disfrutas puede vacunarte contra el estrés y la ira.

Tal vez pienses que no tienes tiempo para fomentar las relaciones. Puede que tus amigos estén repartidos por todo el mundo. Pero cultivar un círculo social fiable es una buena inversión de tiempo y esfuerzo, tanto para ahora como pensando en el futuro.

## Participar en actividades placenteras

Cuando participas en actividades tranquilas y agradables, influyes directamente en la química de tu cerebro y la modificas. Las actividades tranquilas y relajantes aumentan el nivel de serotonina, que protege contra el estrés, mejora el sueño y ayuda a regular el apetito. La serotonina también contribuye a aumentar la felicidad, al igual que la dopamina, la oxitocina y las endorfinas. Las actividades que activan el cuerpo son placenteras y gratificantes, y aumentan los niveles de estas sustancias químicas en el cerebro.

Dentro de la sección «regulación emocional» del currículum de la TDC, desarrollada por la Dra. Linehan, hay una larga lista de actividades que ayudan a distraerte de las emociones difíciles. Involucrarse en estas actividades puede protegerte contra el estrés y los acontecimientos dolorosos. La idea es visualizar tu vida como una balanza, algo así como la «balanza de la justicia». Un lado tiene emociones y acontecimientos negativos, y el otro, emociones y acontecimientos positivos. El objetivo es mantener la balanza equilibrada o incluso inclinada a favor de los acontecimientos y sentimientos positivos.

Para consultar páginas web que ofrecen listas de actividades placenteras en las que te puedes involucrar, consulta la sección «Recursos» de este libro o siéntete libre de elaborar las tuyas propias.

# *MINDFULNESS* VERSUS MEDITACIÓN

En cualquier momento, el *mindfulness*, la meditación y los ejercicios de respiración y relajación pueden calmarnos y hacer que nos centremos. Nos ayudan a encontrar alivio a los pensamientos y las emociones asociados a la ira. Practicadas con cierta regularidad, estas herramientas pueden ayudarnos a reducir el estrés y la tensión en nuestras vidas. El *mindfulness* y la meditación no son necesariamente lo mismo, aunque ambos conceptos se solapan.

El *mindfulness* te anima a centrarte en el momento presente, utilizando tus sentidos. ¿Qué estás mirando? Un cuadro en el museo. ¿Qué tienes en la mano? Una piedra. ¿Qué estás saboreando? Una naranja fresca y dulce. ¿Qué estás escuchando? Los gritos de los niños jugando y el ruido de los coches al pasar. Utilizar el *mindfulness* para sumergirte en cada una de estas experiencias –la piedra es pesada y fría; el cuadro tiene pinceladas gruesas y saturadas– te ayuda a anclarte en el presente y a poner fin a pensamientos distorsionados.

La meditación implica muchas técnicas para centrar la atención, pero su objetivo específico es cultivar la mente hacia la quietud y dejar que las emociones, las creencias y los pensamientos dolorosos se liberen. A través de la meditación, puedes trabajar para desarrollar aspectos específicos de la conciencia, como la compasión, el amor y la tolerancia. A continuación, te ofrezco una meditación breve para que la practiques.

## INHALA PAZ: UN EJERCICIO DE MEDITACIÓN PARA LIBERAR TENSIONES

1. Programa una alarma con un sonido agradable para que suene dentro de unos cinco minutos o del tiempo que te resulte más cómodo. A medida que vayas practicando estas técnicas, podrás permanecer sentada más tiempo.

2. Siéntate confortablemente en una silla con los pies en el suelo y el tronco erguido en una postura que te resulte cómoda.

3. Inhala profundamente con el abdomen durante cuatro cuentas y dite a ti misma: «Inhala paz». Aguanta la respiración cuatro cuentas antes de exhalar.

4. Exhala desde el abdomen y dite a ti misma: «Exhala la tensión», durante aproximadamente ocho cuentas.

5. Aprovecha la inhalación para tomar conciencia de las tensiones que hay en tu cuerpo.

6. Aprovecha cada exhalación para liberar cualquier tensión.

7. Utiliza la imaginación para visualizar la relajación entrando y la tensión saliendo. Algunas personas se visualizan rodeadas de un arcoíris pacífico y sanador con multitud de colores. Mentalmente, selecciona un color que represente la sanación e inhala. Cuando inhales este color, siente cómo sus cualidades sanadoras entran en tu cuerpo. Cuando empieces a exhalar, visualiza el color que represente mejor la tensión que sale de tu cuerpo.

8. Mientras te concentras en la respiración, deja que cualquier pensamiento o sentimiento que entre en tu mente y en tu cuerpo se mueva a sus anchas. Algunas personas imaginan sus pensamientos como nubes que flotan en el cielo o como hojas que el viento se lleva.

9. Si notas que tu mente divaga, regresa pacientemente a tu respiración. A veces puede resultar difícil, pero no pasa nada. Dominar la técnica de silenciar el cerebro requiere tiempo.

## Nutrición

Como se ha mencionado en el cuestionario sobre los factores protectores frente al estrés, beber más de cinco bebidas alcohólicas a la semana y tomar más de tres bebidas con cafeína al día puede tener un impacto negativo sobre tu estado de ánimo y tu salud. El cuestionario también señalaba la importancia de hacer al menos una comida sana y equilibrada al día. Los efectos de la alimentación sobre el estado de ánimo y la salud mental están bien documentados. Si tienes acceso a un seguro médico, habla con tu médico o tu nutricionista sobre el efecto que tus hábitos alimentarios pueden tener sobre tu estado de ánimo. Intenta evitar la comida rápida, los alimentos procesados, incluidos los hidratos de carbono refinados, y los alimentos con alto contenido en azúcar, sal y grasas saturadas. Una dieta a base de cereales integrales, carnes magras, grasas saludables y frutas y verduras puede ayudarte a mantener una salud física, mental y emocional óptima.

## Ejercicio y actividad física

Es la principal manera que tienen las mujeres de controlar el estrés y la ira. Las participantes en el estudio sobre la ira mencionaron diversas formas de hacer ejercicio, desde caminar hasta correr o hacer trabajos en el jardín. Basta con veinte o treinta minutos de ejercicio aeróbico que eleve moderadamente la frecuencia cardíaca dos o tres veces a la semana para ayudar a reducir el nivel de ansiedad, mejorar el estado de ánimo y proteger del estrés y la irritabilidad. Si sufres problemas cardiovasculares, muestra primero cualquier plan de ejercicios a tu médico.

### Buscar ayuda profesional

Si sientes la necesidad de trabajar individualmente o en grupo para aprender a gestionar mejor la ira, recurre a un profesional de la salud mental de tu comunidad. Un trabajador social clínico licenciado, un consejero profesional licenciado, un terapeuta matrimonial y familiar, un psiquiatra o incluso algunas enfermeras de práctica avanzada pueden llevar a cabo servicios de salud mental. Empieza por pedir a tu médico de atención primaria que te derive a un especialista. Si tienes seguro médico, llama al servicio de atención al afiliado de tu aseguradora para informarte sobre el acceso a tus prestaciones de salud mental.

La Administración de Servicios de Salud Mental y Abuso de Sustancias (SAMHSA por sus siglas en inglés) del gobierno federal proporciona una Línea Nacional de Ayuda, 1-800-662-HELP (4357), que es gratuita y confidencial, y está disponible todos los días del año. Es un servicio de información y derivación para personas y familiares que buscan ayuda para trastornos de salud mental o por consumo de sustancias. La página web de SAMHSA también ofrece un localizador de tratamientos *online*. Para más información sobre esta página web, consulta la sección «Recursos» de este libro.[1]

## Tu plan de autocuidado personalizado

Ahora que has llevado a cabo los ejercicios de este libro, espero que continúes practicando algunas de las habilidades para gestionar mejor tus pensamientos y sentimientos de ira, y que

---

1. Consultar la sección «Recursos» para información de España. (*N. del E.*)

sigas los pasos hacia una comunicación positiva. Tómate unos minutos para desarrollar tu propio plan de autocuidado personalizado para mantener el progreso que has logrado a la hora de reducir tu reactividad a la ira. Marca las habilidades y prácticas que te hayan resultado especialmente útiles y que te gustaría incorporar a tu vida.

☐ Interrumpir los pensamientos

☐ Examinar y replantear pensamientos distorsionados

☐ Utilizar habilidades TIPP

☐ Controlar los signos físicos de activación de la ira (cambios en la respiración, frecuencia cardíaca, sudoración, etc.)

☐ Comer mejor

☐ Beber menos alcohol

☐ Consumir menos cafeína

☐ Utilizar los cuatro pasos de la comunicación no violenta de Rosenberg

☐ Practicar actividades de atención plena y meditación

☐ Abordar los traumas del pasado que pueden afectar al estado de ánimo y al comportamiento actuales

☐ Hacer ejercicio físico con regularidad

☐ Involucrarse en al menos una actividad agradable al día

☐ Utilizar los cuatro sencillos pasos de Gottman para mejorar las relaciones

☐ Pasar tiempo con amigos y conocidos

☐ Tomarme cada día un «tiempo para mí», por breve que sea

☐ Utilizar inventarios de comprobación puntual para calmarme y ver cómo estoy internamente, así como para identificar qué siento y por qué

¿Qué otras técnicas y estrategias te gustaría incluir para ayudarte a gestionar mejor la ira? ¿Qué prácticas y habilidades has aprendido en este libro que te gustaría integrar en tu vida?

# QUÉ HACER SI LAS RELACIONES NO MEJORAN

Como hemos destacado a lo largo de este libro, las personas sólo pueden controlar su propio comportamiento. Puedes buscar el cambio en otras personas, y puedes aprender a pedir estos cambios. Muchas de nosotras evitamos los conflictos porque tememos que defender nuestra postura pueda significar el fin de relaciones importantes. Esta perspectiva puede provocar ansiedad, cuando no terror, en algunas. El fin de una relación duradera puede tener repercusiones emocionales y financieras muy graves a largo plazo.

Una regla de oro en la terapia de parejas es intentar que la relación sea tan buena como sea posible, y luego volver a evaluar la situación. Puede que las herramientas que ayudan a gestionar mejor la ira y a expresarla de forma más eficaz no salven una relación que se ha vuelto inviable. Esto puede ser especialmente importante cuando hay hijos de por medio.

Buscar la ayuda de un buen terapeuta familiar y de pareja o de otro profesional puede ser una buena manera de mantener conversaciones complicadas en un espacio seguro. En algunas culturas, puede ser más apropiado pedir a un familiar de confianza que se siente y ayude en la mediación. Otras personas se sienten más cómodas consultando a su sacerdote, su rabino, su imán o a otro miembro de su comunidad religiosa para que las ayude a resolver conflictos.

Un buen método alternativo de resolución de conflictos es la mediación, o negociación entre dos o más partes, facilitada por una parte externa neutral.

Si has decidido poner fin a una relación importante, es fundamental que encuentres el apoyo de otras personas ajenas a la relación durante el proceso de separación. Si tienes familiares y amigos que te apoyen, acércate a ellos y comparte con ellos lo que te está pasando. Pasa tiempo con ellos, en persona o por teléfono, explicándoles cómo te sientes y recibiendo su opinión y apoyo.

Si no tienes familiares ni amigos que estén a tu lado, ahora es el momento de esforzarte por conseguirlos. Por muy deprimida y enfadada que te sientas, intenta encontrar grupos de apoyo o encuentros en tu zona para personas que están poniendo fin a relaciones importantes. Aunque lo mejor es el contacto en persona, las comunidades *online* pueden ser muy útiles en estos momentos de crisis.

# Epílogo

## Sigue adelante

El final de los grupos de gestión de la ira para mujeres es siempre agridulce. Las participantes se alegran de haber completado las doce sesiones. Suele haber cierto temor a seguir adelante sin el apoyo del grupo. Se sienten satisfechas y empoderadas cuando escuchan las historias de las compañeras y cómo cada mujer del grupo empieza a aplicar pequeños cambios en su vida. A muchas les preocupa cómo podrán seguir manteniendo su progreso o a quién podrán explicar sus batallas contra la ira o quién se reirá a carcajadas con ellas con los errores y aciertos que cometan a lo largo del proceso.

Como has visto demostrado a lo largo de este libro, reducir tus reacciones de ira tiene muchas ventajas. Desarrollar las habilidades necesarias para expresar de forma más eficaz tus necesidades, tus deseos y tus peticiones de cambio de comportamiento a otras personas te sitúa en el buen camino en muchos aspectos de tu vida, incluyendo la mejora de tus relaciones y de tu salud física y emocional. Como mínimo, aprender a gestionar mejor tu ira no empeorará las cosas.

Según mis observaciones a lo largo de los años, es más fácil actuar mejor que sentirse mejor. Es decir, es posible que te resulte más fácil modificar tu comportamiento exterior con respecto a la ira que cambiar los pensamientos, los sentimientos y las sensaciones físicas que hay detrás. En el grupo de gestión de la ira nos gusta decir que la ira es como un iceberg. El comportamiento es sólo la punta que se puede ver por encima del agua. Pero, como en el caso del *Titanic*, lo más importante es lo que hay debajo del agua. El *Titanic* se hundió porque chocó con la parte gigante del iceberg que quedaba sumergida. En la psique humana, lo que está sumergido son los sentimientos, los pensamientos y las sensaciones físicas que preceden a las explosiones o las implosiones de ira.

Cambiar tu ira externa suele ser un gran logro en sí mismo. Dejar de gritar, de maldecir y de tirar cosas es un gran paso adelante (y sin duda un alivio para los que te rodean). Pero negar la ira, interiorizarla y dirigirla erróneamente puede ser igual de perjudicial para ti y para tus relaciones. Si éste es tu sistema para hacer frente a los sentimientos de ira, prepárate, porque al final acabarás explotando. Para aquellas que tenéis problemas de ira, es inevitable que tengáis que mirar qué está sumergido para empezar a dar sentido a vuestras reacciones. Para introducir cambios en tu forma de pensar y de percibir las situaciones, también debes explorar tu experiencia física de la ira y las demás emociones que la acompañan. Nunca se dirá lo suficiente sobre la toma de conciencia de las sensaciones físicas y los cambios que indican la aparición de un ataque de ira. Ahí es donde empieza todo y donde debe comenzar tu exploración.

Las participantes en el grupo de gestión de la ira han aprendido a utilizar muchas de las habilidades que se enseñan en este libro en el contexto de sus propias vidas. Y al igual que ellas, ahora depende de ti tomar estas estrategias y ponerlas en práctica en tu propia vida para reducir la reactividad a la ira y aumentar la asertividad efectiva. Te sorprenderá que incluso el paso más pequeño puede suponer una gran diferencia. Por ejemplo, durante una discusión puede suponer una gran diferencia escuchar sin ponerte a la defensiva a la persona con la que estás enfadada. Te sentirás orgullosa de ti misma y de tu esfuerzo. Y cuando veas que ha funcionado, querrás más.

Cada día intenta dar un pequeño paso para gestionar mejor tu ira. Prueba las habilidades para ser más asertiva: tiempos fuera, validación, frases en primera persona («Yo...»), respiración acompasada... hay muchas opciones entre las que puedes elegir. A ver qué te funciona. Algunas cosas funcionarán mejor que otras, pero recuerda seguir intentándolo.

El erudito, activista y maestro budista Thich Nhat Hanh equipara la ira con el sufrimiento y la miseria de la persona que la experimenta. Considera que cualquier reducción de los sentimientos de ira mediante técnicas de *mindfulness* es una reducción del sufrimiento y la miseria. Escribe: «Cuando nos enfadamos con los demás, propagamos nuestro sufrimiento y nuestra miseria. Cuando los demás se enfadan con nosotros, propagan su sufrimiento y su miseria. Gestionando mejor la ira, encontramos nuestro camino hacia la paz».

Recuerda que no te encuentras sola en este viaje, sino que, como tú, muchas otras mujeres están intentando gestionar mejor la ira en su vida cotidiana. Te deseo muchas recompensas interiores por tus esfuerzos y una vida más feliz.

# Apéndice

## Autoevaluaciones y fichas de ejercicios

## Diario de exploración de la ira

**Acontecimiento desencadenante:**

_____

**Las tres preguntas del acontecimiento (con quién estabas, cuándo ocurrió, qué ocurrió):**

_____

_____

_____

**¿Cuál fue la intensidad de tu ira en una escala del 1 al 10 (siendo 10 estar completamente enfurecida)?** ____

**¿Qué sensaciones físicas sentiste (por ejemplo, aumento de la frecuencia cardíaca, sudoración, temblores, respiración acelerada)?**

_____

_____

_____

¿Qué pensamientos negativos alimentaron tu ira (por ejemplo, mi hijo intenta volverme loca a propósito, el conductor de ese vehículo me está arruinando el día)?

_____

_____

_____

¿Cuáles fueron tus expresiones físicas de ira (por ejemplo, cruzar los brazos, señalar, gritar, faltar al respeto, arrojar algún objeto)?

_____

_____

_____

¿Cuál fue el resultado de esta situación (positivo, negativo, neutro)?

_____

_____

_____

¿Qué crees que podrías haber hecho de otra manera?

_____

_____

_____

_Adaptado de Outlook Associates of New England Anger Log._

# SOHE

Siéntate cómoda y visualiza durante unos minutos cómo será tu vida cuando seas más capaz de gestionar tu ira. Cierra los ojos o concéntrate en un punto del suelo. Permítete imaginar un período, quizá dentro de unos meses, en el que no dejes que tu ira te domine. Anota tu experiencia.

**Siéntete (imagina cómo te sentirías física y emocionalmente si gestionaras mejor la ira):**

_____

_____

**Obsérvate (imagina cómo te verían los demás si controlaras mejor tu ira):**

_____

_____

**Haz (imagina qué harías de otra forma si gestionaras mejor la ira):**

_____

_____

**Empodérate (imagina qué te sentirías capacitada para hacer si gestionaras mejor la ira):**

_____

_____

**Toma nota de cómo quieres que tu ira desaparezca en el futuro. Conserva estos objetivos para consultarlos más adelante.**

_____

_____

_____

## Respuestas fisiológicas comunes a la aparición de la ira

- **Tensión muscular.** El cuerpo se siente tenso y alerta. Muchas personas experimentan tensión en el cuello, los hombros, la espalda o el pecho.
- **Aumento de la frecuencia cardíaca.** Se puede experimentar desde un ligero aumento de la frecuencia cardíaca hasta sentir que el corazón late con fuerza en el pecho.
- **Respiración rápida.** La respiración se vuelve más rápida y superficial.
- **Sudoración.** Algunas personas experimentan que su cuerpo «se calienta». Puede incluir aparición de sudoración en la cara, la cabeza, el cuello, las axilas o las manos.
- **Temblores.** La adrenalina y la noradrenalina liberadas en el torrente circulatorio (que también son las causantes de la tensión muscular) pueden provocar temblores.
- **Llanto.** Algunas personas lloran cuando están muy enfadadas, ya sea durante un episodio de ira o después.

Enumera tus respuestas fisiológicas más habituales a los desencadenantes de la ira (si es posible) en el orden en que se producen. A medida que vayas adquiriendo práctica en esta técnica, te resultará más sencillo reconocer tus respuestas.

**Primera reacción:** _____

**Segunda reacción:** _____

**Tercera reacción:** _____

**Cuarta reacción:** _____

# Evalúa la intensidad de tu ataque de ira

Antes de decidir cuál es la mejor respuesta a la ira, debes ser capaz de evaluar la intensidad de tu reacción de ira. Si te sientes agobiada por la experiencia fisiológica de la ira, no estarás ni cognitiva ni emocionalmente preparada para entablar conversaciones emocionales productivas con los demás. Puedes pensar en la intensidad de tu ira utilizando la siguiente escala.

1. Ningún enfado. No hay agitación física.
2. Ligeramente enfadada. Notas una ligera agitación física.
3. Algo incómoda. Notas más agitación física.
4. Molesta. Sigue aumentando la agitación física.
5. Irritada. Has alcanzado un nivel moderado de agitación física. Te resulta difícil ocultar los síntomas físicos.
6. Acalorada. Las señales externas de ira son más evidentes.
7. Cabreada. Aparecen más síntomas físicos de enfado. Ha llegado el momento de plantearte apartarte de la situación.
8. Airada. Aparecen aún más síntomas físicos de ira. Cada vez tienes menos control de la situación. Debes apartarte de la situación.
9. Furiosa. Físicamente te sientes abrumada por la ira. Cada vez tienes menos control de las respuestas. Es imperativo que te apartes de la situación.
10. Iracunda. Llegas a la agitación física total. Quienes te rodean pueden llegar a asustarse en este momento.

**Piensa en tu último ataque importante de ira. ¿Cuál fue la intensidad de esa experiencia?**

_____

_____

_____

_____

**Cuando pienses en un incidente de ira importante, intenta recordar cuánto duró tu estado de ánimo.**

☐ De uno a dos minutos

☐ Unos cinco minutos

☐ De diez a veinte minutos

☐ De treinta minutos a una hora

☐ Más de una hora

☐ Medio día

☐ Todo el día

☐ Más de un día hasta una semana

# Autoevaluación de la ira

La siguiente autoevaluación de la ira tiene por objeto revelar la gravedad y frecuencia de tus respuestas de ira. No se trata de una herramienta de diagnóstico formal, sino más bien de una herramienta informativa que te ayudará a orientar tu trabajo de gestión de la ira.

Responde a las siguientes afirmaciones y suma la puntuación total. Rodea con un círculo el 1 para *nunca*, el 2 para *rara vez*, el 3 para *a veces*, el 4 para *a menudo* o el 5 para *siempre*.

**1.** Cuando estoy enfadada, a menudo siento dolor físico, como dolor de estómago o de cabeza.

      1        2        3        4        5

**2.** Intento ocultar mi ira ante los demás.

      1        2        3        4        5

**3.** Cuando estoy enfadada con alguien, cotilleo sobre esa persona o intento hacerle daño de alguna otra manera.

      1        2        3        4        5

**4.** Cuando estoy enfadada, descargo mi frustración con mis seres queridos, no con la persona con la que estoy realmente enfadada.

      1        2        3        4        5

**5.** Me irrito por pequeñas cosas.

      1        2        3        4        5

**6.** Tengo poca paciencia.

      1        2        3        4        5

**7.** Cuando me enfado de verdad, quiero pegar a alguien.

      1        2        3        4        5

**8.** Cuando me enfado mucho, quiero romper cosas.

      1        2        3        4        5

**9.** Tengo pensamientos obsesivos que me hacen enfadar.

1       2       3       4       5

**10.** Me irrita mucho que la gente no entienda lo que intento decirles.

1       2       3       4       5

**11.** Me enfado al menos una vez a la semana.

1       2       3       4       5

**12.** Mis ataques de ira molestan a las personas que me rodean.

1       2       3       4       5

**13.** Me impaciento mucho cuando el vehículo de delante va demasiado lento.

1       2       3       4       5

**14.** Me enfado cuando alguien se salta las normas, como por ejemplo cuando alguien lleva demasiados artículos en la caja rápida del supermercado.

1       2       3       4       5

**15.** Me enfado cuando la gente es grosera conmigo.

1       2       3       4       5

**16.** A menudo me irritan determinadas personas de mi vida.

1       2       3       4       5

**17.** Siento mucha vergüenza y culpa por mis reacciones airadas.

1       2       3       4       5

**18.** A menudo siento mucha tensión muscular y estrés.

1       2       3       4       5

**19.** Grito o digo palabrotas cuando estoy enfadada.

1       2       3       4       5

**20.** Me enfado tanto que me siento como un volcán a punto de explotar.

1       2       3       4       5

**21.** Me frustro rápidamente cuando las máquinas o los equipos no funcionan bien.

1       2       3       4       5

**22.** Mantengo la ira contra personas y situaciones durante mucho tiempo.

   1          2          3          4          5

**23.** No tolero a las personas incompetentes. Hacen que me enfade.

   1          2          3          4          5

**24.** Creo que la gente intenta salirse con la suya en cosas que no debería.

   1          2          3          4          5

**25.** Sufro ataques de ira cuando los miembros de mi familia no se ocupan de las tareas de las que se tienen que ocupar.

   1          2          3          4          5

**TOTAL** _____

## Clave de puntuación

**80-100** Es probable que tu expresión de ira te esté metiendo en graves problemas con los demás. Probablemente valdría la pena buscar ayuda profesional y trabajar con este libro.

**60-80** Es posible que necesites ayuda profesional, pero sin duda tienes que trabajar para poder controlar tu ira de forma deliberada.

**50-60** Tienes mucho margen de mejora. Podría irte muy bien leer libros de autoayuda sobre el control de la ira.

**30-50** Probablemente te enfadas tan a menudo como la mayoría de la gente. Controla tus episodios de ataques de ira y fíjate si en unos meses puedes reducir tu puntuación.

**Por debajo de 30** Buen trabajo. Es muy probable que estés controlando bien tu ira.

*Adaptado de Outlook Associates of New England Anger Assessment.*

# Liberarse del resentimiento

Tómate unos minutos para pensar en un resentimiento que puedas estar albergando. Responde a las siguientes preguntas para profundizar en ese resentimiento.

**Persona, personas o situación que ha provocado el resentimiento:**

**¿Cómo te ha hecho daño en concreto?**

**¿Qué sentimientos acompañan a la ira de este resentimiento?**

**¿Cuáles son los pros de liberar este resentimiento?**

**¿Cuáles son los contras de liberar este resentimiento?**

# Cuestionario sobre el estilo de conflicto

Para cada una de las afirmaciones que aparecen a continuación, marca «V» (verdadero) o «F» (falso) en función de lo cerca que esté de tu comportamiento real. Cuando respondas a las preguntas, piensa en la persona o en la situación con la que entres en conflicto más a menudo.

**1.** A menudo prefiero dejar que otros asuman la responsabilidad de resolver un problema.

☐ V        ☐ F

**2.** Prefiero dejar que la otra persona gane la discusión a tener tensiones continuas con ella.

☐ V        ☐ F

**3.** En una discusión debo tener la última palabra.

☐ V        ☐ F

**4.** Prefiero dedicar tiempo a centrarme en las cosas en las que estamos de acuerdo en lugar de negociar las cosas en las que no lo estamos.

☐ V        ☐ F

**5.** Creo que el compromiso es el mejor camino a seguir en cualquier conflicto.

☐ V        ☐ F

**6.** Es importante tratar las preocupaciones de todos los implicados en el conflicto.

☐ V        ☐ F

**7.** Antes que nada, es necesario perseguir mis propios objetivos en un conflicto.

☐ V        ☐ F

**8.** Preservar la relación es más importante que cualquier conflicto.

☐ V        ☐ F

**9.** Si parece más fácil, renunciaré a mis propias preferencias en favor de las de la otra persona.

☐ V   ☐ F

**10.** Aunque esté en contra de alguien, siempre le pido ayuda para resolver el problema.

☐ V   ☐ F

**11.** No me gusta la tensión y la evito siempre que sea posible.

☐ V   ☐ F

**12.** Me gusta ganar las discusiones.

☐ V   ☐ F

**13.** Pospongo los conflictos tanto como sea posible.

☐ V   ☐ F

**14.** Dejo a un lado algunos puntos en una discusión para ganar otros.

☐ V   ☐ F

**15.** En una discusión, intento asegurarme de poner sobre la mesa todas las cuestiones y preocupaciones.

☐ V   ☐ F

**16.** No siempre merece la pena discutir las diferencias.

☐ V   ☐ F

**17.** Me esfuerzo mucho para salirme con la mía en una discusión.

☐ V   ☐ F

**18.** Para conservar la relación, calmo los sentimientos de la otra persona en una discusión.

☐ V   ☐ F

**19.** Cedo en algunas cuestiones si la otra persona también lo hace.

☐ V   ☐ F

**20.** Siempre veo un término medio en un conflicto.

☐ V   ☐ F

**21.** Siempre me esfuerzo por hacer valer mis puntos de vista en una discusión.

☐ V  ☐ F

**22.** En una discusión, doy mis ideas y luego escucho las de la otra persona.

☐ V  ☐ F

**23.** Intento convencer a la otra persona para que vea la lógica y las ventajas de mi punto de vista.

☐ V  ☐ F

**24.** No me gusta herir los sentimientos de los demás en un conflicto.

☐ V  ☐ F

**25.** Me aparto inmediatamente cuando veo que podemos acabar discutiendo.

☐ V  ☐ F

**26.** Intento encontrar una combinación justa de victorias y derrotas para todas las partes.

☐ V  ☐ F

**27.** Si se está gestando una discusión, me retiro.

☐ V  ☐ F

**28.** Aprecio la discusión directa del problema en un conflicto.

☐ V  ☐ F

**29.** En una discusión, intento encontrar un término medio entre mi postura y la de la otra persona.

☐ V  ☐ F

**30.** Considero importante hacer valer siempre mis deseos.

☐ V  ☐ F

**31.** Me siento cómoda buscando satisfacer mis deseos en un conflicto.

☐ V  ☐ F

**32.** Si el punto de vista de la otra persona es realmente importante para ella, suelo ceder.

☐ V        ☐ F

**33.** En una discusión, intento quedarme callada para que no se desborden mis sentimientos.

☐ V        ☐ F

**34.** Al principio de una discusión asumo más o menos que tendré que ceder en varias cosas.

☐ V        ☐ F

**35.** Quiero que todo el mundo salga de una discusión lo más contento posible.

☐ V        ☐ F

Ahora haz un recuento de tus respuestas. El grupo de preguntas en el que hayas obtenido más respuestas «V» indicará tu estilo de conflicto (al menos con la persona o la situación en la que estabas pensando).

**Grupo 1: Evitativo (estilo de conflicto perder-perder).**
Si has respondido «V» a las preguntas 1, 11, 13, 16, 25, 27, 33.

**Grupo 2: Acomodaticio (estilo de conflicto perder-perder).**
Si has respondido «V» a las preguntas 2, 4, 8, 9, 18, 24, 32.

**Grupo 3: Transigente (estilo de conflicto no ganar, no perder).**
Si has respondido «V» a las preguntas 5, 14, 19, 20, 26, 29, 34.

**Grupo 4: Colaborador (estilo de conflicto ganar-ganar).**
Si has respondido «V» a las preguntas 6, 10, 15, 22, 28, 31, 35.

**Grupo 5: Competitivo (estilo de conflicto ganar-perder).**
Si has respondido «V» a las preguntas 3, 7, 12, 17, 21, 23, 30.

*Adaptado del instrumento de modos de conflicto de Thomas-Kilmann.*

# Inventario de comprobación puntual

A continuación, te muestro una forma de llevar a cabo un inventario de comprobación puntual en cualquier momento:

1. **Conecta con tu respiración en distintos momentos del día. Siente cómo tu estómago realiza una o dos respiraciones; nota cómo se mueve la cavidad corporal, subiendo y bajando acompasadamente. Sé consciente de qué sientes físicamente en tu cuerpo.**

---

---

---

2. **Toma conciencia de tus pensamientos y tus sentimientos en estos momentos. Limítate a obsérvalos sin juzgarte. ¿Qué estás pensando y sintiendo?**

---

---

---

3. **¿Qué conexiones puedes establecer entre lo que ha ocurrido durante hoy, o con anterioridad, que pueda haber provocado que surjan estos sentimientos y pensamientos?**

---

---

---

4. **A medida que avanzas en tu día, ¿hay algún cambio que te gustaría hacer en tus pensamientos y comportamientos?**

---

---

---

# Recursos

## Líneas de atención telefónica

**Línea Nacional de Ayuda para Padres**

Teléfono: 1-855-4APARENT (1-855-427-2736), disponible de lunes a viernes de 10 a 19 horas PST.

Esta línea de atención telefónica atiende a padres y cuidadores que necesitan apoyo emocional, y proporciona enlaces a recursos.

**En España**

La Fundación ANAR también tiene un teléfono para familias y centros escolares (600 50 51 52) para orientación sobre temas relacionados con niños y adolescentes.

**Asociación de Alzheimer**

Teléfono: 1-800-272-3900, disponible todos los días de la semana, las 24 horas del día.

Esta línea de atención telefónica atiende a personas con pérdida de memoria, cuidadores, profesionales sanitarios y público en general.

**En España**

Teléfono de la Esperanza (717 003 717)

Es una ONG de apoyo emocional en situación de crisis, disponible 24 h/365 días, y ofrece contención emocional tanto a pacientes como a cuidadores.

**Línea Nacional de Atención Telefónica contra la Violencia Doméstica**

Teléfono: 1-800-799-SAFE (1-800-799-7233)

TTY (*talk to you*, teléfonos de texto para personas con problemas de audición y del habla): 1-800-787-3224

Videollamada sólo para personas sordas: 1-206-518-9361

Esta línea de atención telefónica atiende a niños, padres, amigos y agresores.

**En España**

El Ministerio de Igualdad, por medio de la Delegación del Gobierno contra la Violencia de Género, presta el Servicio telefónico de información, de asesoramiento jurídico y de atención psicosocial inmediata por personal especializado a todas las formas de violencia de género, a través del número telefónico de marcación abreviada 016; por WhatsApp en el número 600 000 016; a través de un chat online en la página web de la Delegación del Gobierno contra la Violencia de Género y por correo electrónico al servicio 016 online: 016-online@igualdad.gob.es

**Línea Nacional de Atención Telefónica de la Administración de Servicios de Salud Mental y Abuso de Sustancias (SAMHSA)**

Teléfono: 1-800-662-HELP (1-800-662-4357), disponible todos los días de la semana, las 24 horas del día.

Es un servicio gratuito y confidencial de información y derivación para personas y familiares que buscan ayuda para trastornos de salud mental o por consumo de sustancias. La página web de SAMHSA también ofrece un localizador de tratamientos *online*.

**En España**

- Cruz Roja Te Escucha (900 107 917): línea gratuita y confidencial operativa todos los días, enfocada en apoyo y acompañamiento psicosocial ante ansiedad, estrés, soledad o problemas familiares
- Fundación FAD Juventud (antes Fundación de Ayuda contra la Drogadicción)

Teléfono gratuito: 900 161 515 (funciona de lunes a viernes de 9:00 a 21:00). Atiende a personas con consumo de drogas, sus familiares y también orienta a jóvenes y familias a través de SIOF Joven (también WhatsApp: 681 155 160). Gestionado en acuerdo con la Delegación del Gobierno para el Plan Nacional sobre Drogas, ofrece orientación sobre recursos de todo el ámbito nacional.

## Recursos *online*

Lista de actividades placenteras para adultos: www.dbtself-help.com/html/er_handout_8.html

Outlook Associates of New England:

www.outlookassociates.com

Páginas de autoayuda y hojas de trabajo para el control de la ira de Neighborhood Counseling and Community Services que aparecen en este libro: www.neighborhoodcounselingservices.org

## Libros

Faber, A., *et al.*: *How to Talk So Kids Will Listen and Listen So Kids Will Talk*. Simon and Schuster, Nueva York, 1980. (Trad. cast.: *Cómo hablar para que sus hijos le escuchen & escuchar para que sus hijos le hablen*. Ediciones Medici, Barcelona, 1997).

Gottman, J. M.: *Why Marriages Succeed or Fail*. Simon and Schuster, Nueva York, 1995.

Kassinove, H., et al.: *Anger Management: The Complete Treatment Guidebook for Practitioners*. Impact Publishers, Atascadero, California, 2002. (Trad. cast.: *El manejo de la agresividad: manual de tratamiento completo para profesionales*. Desclée de Brouwer, Bilbao, 2018).

Lerner, H. G.: *The Dance of Anger: A Woman's Guide to Changing the Patterns of Intimate Relationships*. Harper & Row, Nueva York, 1985. (Trad. cast.: *La danza de la ira: guía femenina para transformar las relaciones personales*. Ediciones Gaia, Móstoles, Madrid, 2021).

Linehan, M. M.: *DBT Skills Training Manual*. 2.ª ed. Guilford Press, Nueva York, 2015. (Trad. cast.: *Manual de entrenamiento en habilidades DBT: manual para el-la consultante*. Psara Ediciones, Córdoba, 2022).

Stone, D., et al.: *Difficult Conversations: How to Discuss What Matters Most*. 2.ª ed. Penguin Books, Nueva York, 2010. (Trad. cast.: *Conversaciones difíciles: aprende a comunicarte en situaciones comprometidas*. Penguin Random House Grupo Editorial, Barcelona, 2003).

Stosny, S.: *Treating Attachment Abuse*. Springer, Nueva York, 1995.

Thich Nhat Hanh: *Anger: Wisdom for Cooling the Flames*. Riverhead Books, Nueva York, 2001. (Trad. cast.: *La ira: el dominio del fuego interior*. Oniro, Madrid, 2004).

# Bibliografía

American Psychological Association: «Anger», en www.apa.org/topics/anger.

Barnett, R. C., *et al.*: «Women's Involvement in Multiple Roles and Psychological Distress», *Journal of Personality and Social Psychology*, vol. 49, n.º 1, pp. 135-145 (julio de 1985). doi: 10.1037//0022-3514.49.1.135.

Centers for Disease Control and Prevention: «Women and Heart Disease Fact Sheet» (23 de agosto de 2017); disponible en www.cdc.gov/heart-disease/about/women-and-heart-disease.html (consultado el 3 de enero de 2018).

Chaplin, T. M., *et al.*: «Parental Socialization of Emotion Expression: Gender Differences and Relations to Child Adjustment», *Emotion*, vol. 5, n.º 1, pp. 80-88 (marzo de 2005). doi: 10.1037/1528-3542.5.1.80.

Denham, G., *et al.*: «Anger: Targets and Triggers», en Thomas, S. P. (ed.): *Women and Anger*. Springer, Nueva York, 1993. pp. 68-90.

DiGiuseppe, R., *et al.*: «Anger Treatment for Adults: A Metaanalytic Review», *Clinical Psychology: Science and Practice*, vol 10, n.º 1, pp. 70-84 (marzo de 2003). doi:10.1093/clipsy.10.1.70.

Dittman, M.: «Anger across the Gender Divide», *Monitor on Psychology*, vol. 34, n.º 3, p. 52 (marzo de 2003); disponible en www.apa.org/monitor/mar03/angeracross.aspx.

Droppleman, P. G., *et al.*: «Women, Depression, and Anger», en Thomas, S. P. (ed.): *Women and Anger*. Springer, Nueva York, 1993. pp. 209-232.

Fernandez, E.: «Toward an Integrative Psychotherapy for Maladaptive Anger», en Potegal, M., *et al.*: *International Hand-*

*book of Anger*. Springer Science + Business Media, Nueva York, 2010. pp. 499-513.

FIELDS, B., *et al.*: «Anger of African American Women in the South», *Issues in Mental Health Nursing*, vol. 19, n.º 4, pp. 353-373 (julio-agosto de 1998). doi: 10.1080/016128498248980.

FISCHER, A. H., *et al.*: «Anger in the Context of Gender», en Potegal, M., *et al.*: *International Handbook of Anger*. Springer Science + Business Media, Nueva York, 2010. pp. 349-360.

FISCHER, A. H., *et al.*: «Gender and Culture Differences in Emotion», *Emotion*, vol. 4, n.º 1, pp. 87-94 (marzo de 2004). doi:10.1037/1528-3542.4.1.87.

HAYNES, S. G., *et al.*: «Women, Work and Coronary Heart Disease: Prospective Findings from the Framingham Heart Study», *American Journal of Public Health*, vol. 70 n.º 2, pp. 133-141 (febrero de 1980). doi: 10.2105/ajph.70.2.133.

MATSUMOTO, D., *et al.*: «The Expression of Anger across Cultures», en Potegal, M., *et al.*: *International Handbook of Anger*. Springer Science + Business Media, Nueva York, 2010. pp. 125-137.

MIROWSKY, J., *et al.*: «Aging, Status, and Sense of Control (ASOC), 1995, 1998, 2001 [United States] (ICPSR 3334)», *National Archive of Computerized Data on Aging* (diciembre de 2005). doi.org/10.3886/ICPSR03334.v2.

MODRCIN-MCCARTHY, M. A., *et al.*: «Unhealthy, Unfit, and Too Angry to Care?», en Thomas, S. P. (ed.): *Women and Anger*. Springer, Nueva York, 1993. pp. 154-169.

PEREIRA, J.: «The Impact of Diet on Anger». *Outlook Associates of New England* (octubre-noviembre de 2012); disponible en www.outlookassociates.com/the-impact-of-diet-on-anger (consultado el 5 de febrero de 2018).

PTSD United: «PTSD Statistics»; disponible en www.ptsdunited.org/ptsd-statistics-2 (consultado el 20 de enero de 2018).

Radke-Yarrow, M., *et al.*: «Anger in Young Children», en Stein, N. L., *et al.* (eds.): *Psychological and Biological Approaches to Emotion*. Lawrence Erlbaum, Hillsdale, Nueva Jersey, 1990. pp. 297-310.

Russell, S. S., *et al.*: «Women's Anger and Eating», en Thomas, S. P. (ed.): Women and Anger. Springer, Nueva York, 1993. pp. 170-185.

Saylor, M., *et al.*: «Women's Anger and Self-Esteem», en Thomas, S. P. (ed.): *Women and Anger*. Springer, Nueva York, 1993. pp. 91-111.

Scherwitz, L., *et al.*: «Life-Style and Hostility», en Friedman H. S. (ed.): *Hostility, Coping, and Health*. American Psychological Association, Washington D. C., 1992. pp. 78-98.

Schieman, S.: «The Sociological Study of Anger: Basic Social Patterns and Contexts», en Potegal, M., *et al.*: *International Handbook of Anger*. Springer Science + Business Media, Nueva York, 2010. pp. 329-347.

Schultz, D., *et al.*: «State and Trait Anger, Fear, and Social Information Processing», en Potegal, M., *et al.*: *International Handbook of Anger*. Springer Science + Business Media, Nueva York, 2010. pp. 311-325.

Seabrook, E. G.: «Women's Anger and Substance Use», en Thomas, S. P. (ed.): *Women and Anger*. Springer, Nueva York, 1993. pp. 186-208.

Smith, T. W., *et al.*: «General Social Surveys, 1972-2014». Roper Center for Public Opinion Research, Universidad de Connecticut, Storrs, Connecticut, 2015 (fichero de datos en lenguaje de ordenador).

SMUCKER, C., *et al.*: «Values and Anger», en Thomas, S. P. (ed.): *Women and Anger*. Springer, Nueva York, 1993. pp. 129-153.

SPIELBERGER, C. D., *et al.*: «Assessment of Anger: The State-Trait Anger Scale», en Butcher, J., *et al.* (eds.): *Advances in Personality Assessment*, vol. 2, Lawrence Erlbaum, Hillsdale, Nueva Jersey, 1983. pp. 161-189.

THOMAS, K. W., *et al.*: *Thomas-Kilmann Conflict Mode Instrument*. Xicom, Tuxedo, Nueva York, 1974.

THOMAS, S. P.: «Emotions and How They Develop», en Thomas, S. P. (ed.): *Women and Anger*. Springer, Nueva York, 1993. pp. 20-39.

—«Anger and Its Manifestations in Women», en Thomas, S. P. (ed.): *Women and Anger*. Springer, Nueva York, 1993. pp. 40-67.

—«Teaching Healthy Anger Management», *Perspectives in Psychiatric Care*, vol. 37, n.º 2, pp. 41-48 (abril-junio de 2001). doi: 10.1111/j.1744-6163.2001.tb00617.x.

—«Women's Anger, Aggression, and Violence», *Health Care for Women International*, vol. 26, n.º 6, pp. 504-522 (junio-julio de 2005). doi:10.1080/07399330590962636.

THOMAS, S. P., *et al.*: «Trait Anger, Anger Expression, Stress, and Health Status of American and Turkish Midlife Women», *Health Care for Women International*, vol. 14, n.º 2, pp. 129-143 (marzo-abril de 1993). doi:10.1080/07399 339309516035.

THOMAS, S. P., *et al.*: «Stress, Role Responsibilities, Social Support and Anger», en Thomas, S. P. (ed.): *Women and Anger*. Springer, Nueva York, 1993. pp. 112-128.

THOMAS, S. P., *et al.*: «Perceived Stress, Trait Anger, Modes of Anger Expression, and Health Status of College Men and Women», *Nursing Research*, vol. 40, n.º 5, pp. 303-307 (septiembre-octubre de 1991).

US Department of Veterans Affairs, National Center for PTSD: «Anger and Trauma»; disponible en www.ptsd.va.gov/public/problems/anger-and-trauma.asp (consultado el 7 de enero de 2018).

WILT, D.: «Treatment of Anger», en Thomas, S. P. (ed.): *Women and Anger*. Springer, Nueva York, 1993. pp. 233-257.

# Agradecimientos

La escritura de este libro ha sido una casualidad. Estoy muy agradecida a Elizabeth Castoria, de Callisto Media, por darme la oportunidad de ser la autora de este libro. Me gustaría dar las gracias a mi colega Joe Pereira, doctor en trabajo social, de Outlook Associates of New England, que lleva más de treinta años trabajando en el campo de la gestión de la ira y que fue quien me invitó por primera vez a dirigir un grupo de gestión de la ira para mujeres. Es el excelente currículum de Joe el que guía al grupo, aportando una experiencia psicoeducativa dinámica.

Quiero dar las gracias a mi madre, que tenía dos trabajos diferentes y crio a dos hijos ella sola durante la década de 1970, cuando no era tan normal. Me gustaría dar las gracias a todas las madres del mundo que crían a sus hijos solas o en otras situaciones que no son nada fáciles.

También me gustaría expresar mi reconocimiento a todos los cuidadores (en su mayoría mujeres), remunerados o no: familiares, auxiliares sanitarios a domicilio, auxiliares de enfermería titulados y profesionales de la primera infancia. Estas mujeres trabajan en tareas estresantes, invisibilizadas, mal pagadas y poco valoradas, cuidando de nuestros seres queridos mayores, de los miembros discapacitados de la comunidad y de los niños.

Doy las gracias a Rona Troderman-King, licenciada en trabajo social, que en diferentes momentos ha sido amiga, mentora, supervisora clínica y terapeuta. Sus muchos años de amplia experiencia en el campo del trabajo social clínico le permiten ofrecer una opinión reflexiva sobre muchísimos casos y situaciones que me dejan perpleja.

Muchas gracias a la Dra. Lyn Styczynski y al Dr. Len Greenberg, del Family Institute, por la excelente formación didáctica en terapia familiar y por la supervisión que me han proporcionado a mí y a otros terapeutas a lo largo de los años en el Family Center, Inc., en Somerville, Massachusetts.

Gracias a mi editora, Nana K. Twumasi, de Callisto Media, por convertir este libro en una herramienta para ayudar a las mujeres a trabajar su ira. Me gustaría dar las gracias a la Dra. Sandra Thomas y a sus colegas por su trabajo pionero en el estudio de la ira cotidiana de las mujeres.

La redacción de este libro no habría sido posible sin la colaboración y el apoyo de mi marido, Kristof, y de nuestros hijos, Karolina y Severyn. Han sido muchos los fines de semana en los que la familia sólo ha visto la espalda de mamá, sentada en una silla delante del teclado del ordenador, escribiendo este libro.

Y, por último, me gustaría reconocer el arduo trabajo y la valentía de todas las mujeres que hasta la fecha han pasado por el grupo de gestión de la ira para mujeres. Ha sido un privilegio y una alegría trabajar con todas vosotras y ser testigo de vuestros valientes pasos hacia el cambio. He aprendido mucho de cada miembro del grupo, cada una inteligente, perspicaz, sabia y con sentido del humor a su manera. Y estoy deseando aprender más de las que están por venir.

# Acerca de la autora

Julie Catalano, licenciada en Trabajo Social, es una trabajadora social clínica independiente con título que ha ejercido como psicoterapeuta durante más de veinte años. Es licenciada por la Facultad de Trabajo Social de la Universidad de Boston. Antes de dedicarse al trabajo social, la Sra. Catalano fue editora del periódico *East Boston Community Newspaper*, editado en East Boston, Massachusetts, y enseñó inglés en Polonia durante dos años como parte del programa WorldTeach. La Sra. Catalano ha trabajado como médica clínica de salud mental comunitaria para Catholic Charities en Lawrence, Massachusetts, y como terapeuta familiar y médica visitante para Family Center, Inc. (ahora Parenting Journey) en Somerville, Massachusetts. La Sra. Catalano es la directora de Neighborhood Counseling and Community Services, Inc., un consultorio de grupo de salud mental comunitaria sin ánimo de lucro dedicado a mantener los servicios de salud mental comunitarios accesibles para todo el mundo. Es miembro de la Sección de Massachusetts de la Asociación Nacional de Trabajadores Sociales. La Sra. Catalano reside en Somerville, Massachusetts, con su marido, sus dos hijos y su perro, Fluffy. Puedes ponerte en contacto con la Sra. Catalano y encontrar más recursos en www.NeighborhoodCounselingServices.org

## Acerca de la autora del prólogo

La Dra. Sandra P. Thomas es licenciada, doctora y máster en Educación (especialidad en psicología educativa), así como licenciada en Enfermería (especialidad en salud mental) por la Universidad de Tennessee, Knoxville.

La Dra. Thomas dirige el programa de doctorado e imparte cursos de doctorado en la Facultad de Enfermería de la Universidad de Tennessee. Se centra en los enfoques fenomenológicos de la enseñanza y la investigación. Preside un grupo de investigación fenomenológica transdisciplinar que se reúne semanalmente en la Facultad de Enfermería. Sus principales temas de investigación son la salud mental de la mujer y la recuperación después de un maltrato.

La Dra. Thomas es editora de *Issues in Mental Health Nursing* desde 1997. En la actualidad, forma parte de la junta de la Fundación de la Sociedad Internacional de Enfermeras de Psiquiatría y Salud Mental y es miembro del Panel de Expertos en Violencia de la Academia Estadounidense de Enfermería.

# Índice analítico

# Índice